Balanced
BAKING

Bibliografische Information der Deutschen Bibliothek.

Die Deutsche Bibliothek verzeichnet diese Publikation in der deutschen Nationalbibliografie.

Detaillierte bibliografische Daten sind im Internet über http://www.d-nb.de/ abrufbar.

EIN BUCH DER EDITION MICHAEL FISCHER

1. Auflage 2016

Covergestaltung, Layout und Satz: Bernadett Linseisen
Redaktion und Lektorat: Christiane Manz, München
Produktmanagement: Natascha Mössbauer
Fotos: Mara Hörner

ISBN 978-3-86355-547-4

Printed in Slovakia

www.emf-verlag.de

Balanced BAKING

60 Rezepte ohne weißen Zucker, Weizenmehl und Butter

LIFE IS FULL OF GOODIES

EMF

EIN BUCH DER EDITION MICHAEL FISCHER

Mara Hörner

Inhaltsverzeichnis

Klein & fein 79

No bake 111

Vorwort

„Wer isst eigentlich immer alle deine gebackenen Sachen?“ Das ist die Frage, die mir von meinen Lesern am häufigsten gestellt wird, seit ich Anfang 2013 meinen Foodblog *Life Is Full Of Goodies* ins Leben gerufen habe, auf dem es hauptsächlich süße Kreationen wie Kuchen, Teilchen oder Eis zu entdecken gibt. Die Antwort ist stets dieselbe: ICH! Und natürlich auch meine Familie ... klaro.

Ja, ich gebe es zu, ich LIEBE Süßes! Und tatsächlich vergeht bei mir so gut wie kein Tag ohne Nascherei. Alles, was ich in meiner Küche zaubere, wird auch von mir verkostet. Wäre ja viel zu schade, wenn das anders wäre.

Wie ich denn bei so viel Süßkram noch meine Figur halten könne, lautet dann meistens die nächste Frage. Auch das ist gar nicht so schwer zu erklären.

Das Geheimnis liegt hier in einer ausbalancierten Ernährung. Und dazu gehören auch ausgewogene Naschereien. Dass Süßes nämlich nicht immer nur ungesund sein muss, das zeige ich euch in diesem Buch.

Es gibt viele gute Alternativen zum herkömmlichen Backen mit Weizenmehl, Butter und weißem Raffinadezucker. Sie schmecken mindestens genauso lecker, liefern aber gleichzeitig noch wichtige Nährstoffe für den Körper und sind daher – in Maßen genossen – sogar gesund. Probiert es aus und lasst es euch schmecken! Ganz ohne schlechtes Gewissen ...

Über die Autorin

Süßes geht immer! Findet zumindest die Autorin Mara Hörner. Jede freie Minute verbringt die leidenschaftliche Foodbloggerin damit, entweder Süßes zu essen, zu backen, zu fotografieren oder auf ihrem Foodblog www.lifeisfullofgoodies.com (monatliche Blogaufrufe: ungefähr 150 000, Abonnenten bei Instagram: aktuell über 30 000) darüber zu schreiben. Dass Kuchen, Kekse und andere süße Kreationen nicht ungesund sein müssen, beweist sie in diesem Buch, in dem sie eine Vielzahl gesünderer Alternativen zu Raffinadezucker, Weizenmehl und Butter vorstellt.

Ich danke meiner Familie. Mom und Paps, meinem Bruder und seiner Frau, dem kleinen Linus und natürlich meinem geliebten Mann.
Danke dafür, dass ihr mich in allem was ich tue unterstützt, dass ihr mich auch an meinen schlechten Tagen ertragt, dass ihr mich einfach liebt.

Ihr seid alles für mich.

Mehle & Früchte
Haferflocken
Feigen
Dinkel-
mehl
Süßlupinenmehl
Buchweizenmehl
Datteln
Gojibeeren

Warenkunde

Dinkelmehl

Dinkel ähnelt im Geschmack dem Weizen, hat jedoch eine feine, nussige Note. Er ist leicht verdaulich und bekommt auch vielen Menschen, die auf Weizenmehlprodukte allergisch oder mit Unverträglichkeit reagieren. (Vorsicht: Dinkel enthält zwar relativ wenig Gluten, ist aber nicht glutenfrei.) Dinkelmehl besitzt deutlich mehr hochwertiges Eiweiß als Weizen sowie viel vom B-Vitamin Niacin und den Mineralstoffen Magnesium, Zink und Eisen.

Buchweizenmehl

Buchweizen hat nichts mit dem klassischen Weizen zu tun; er gehört botanisch in die Familie der Knöterichgewächse. Buchweizen enthält extrem viel hochwertiges Eiweiß und liefert dreimal so viel Lysin wie die meisten anderen Getreidesorten. Dieser Eiweißbaustoff sorgt zum Beispiel für starke Knochen. Zudem enthält Buchweizen viele Vitamine und ist mit Kalium, Calcium, Magnesium, Eisen sowie Kieselerde ein guter Mineralstofflieferant.

Hafermehl (aus gemahlenen Haferflocken)

Hafer ist von allen Getreidesorten eine der gesündesten. Er ist glutenarm und gleichzeitig sehr nährstoffreich. Haferflocken spenden viel anhaltende Energie und sind deshalb auch bei Sportlern äußerst beliebt. Mein Hafermehl stelle ich aus feinen Haferflocken grundsätzlich selbst her. Die Flocken dafür mahle ich einfach in einem Standmixer.

Kokosmehl (aus gemahlenen Kokosraspeln)

Kokosmehl ist zwar nicht unbedingt kalorienarm, jedoch enthält die Kokosnuss gesunde mittelkettige Fettsäuren sowie reichlich Mineralien und Ballaststoffe. Ihr werden viele gesundheitsfördernde Eigenschaften nachgesagt, zudem schmeckt sie ganz fantastisch!

Kokosmehl lässt sich schnell und günstig aus Kokosraspeln herstellen. Hierfür einfach die Raspel einige Minuten in einem Standmixer fein mahlen. Kokosmehl ist glutenfrei.

Süßlupinenmehl

Lupinenmehl schmeckt recht neutral mit leicht nussiger Note. Lupinen sind Hülsenfrüchte. Ihr Eiweißgehalt beträgt rund 40 Prozent und ist damit höher als der der meisten anderen pflanzlichen Proteinlieferanten. Lupinensamen enthalten alle lebenswichtigen Aminosäuren, unter anderem Lysin, außerdem Vitamin E, Calcium, Magnesium, Eisen und Phosphor. Da Süßlupinenmehl so gut wie keine blähenden Stoffe enthält, ist es gut verträglich.

Proteinpulver

Proteinpulver sind Mischungen von Proteinen, die als Nahrungsergänzungsmittel verwendet werden. Sie unterstützen unter anderem den Muskelaufbau und werden daher häufig von Sportlern konsumiert. Es gibt verschiedene Typen von Proteinmischungen, für meine Rezepte verwende ich in der Regel ein Whey-Proteinpulver oder ein Mehrkomponentenpulver. Wer kein Proteinpulver verwenden möchte, der kann es durch etwas Mehl ersetzen.

Getrocknete Früchte

Getrocknete Früchte sind wertvolle Energielieferanten. Um Trockenfrüchte zu bekommen, wird Obst das Wasser bis auf eine Restfeuchtigkeit von 18 bis 25 Prozent entzogen. Der dadurch im Verhältnis höhere Fruchtzuckeranteil schützt die Früchte vor dem Verderben. Trockenfrüchte liefern viele wichtige Nährstoffe wie Kohlenhydrate, Vitamine, Mineralstoffe sowie Ballaststoffe. Ihr Anteil an essenziellen Inhaltsstoffen ist bis zu fünfmal höher als in frischen Früchten, zudem enthalten sie kaum Fett.

Nüsse & Fette

Mandelmus
Walnusskerne
Haselnusskerne
Cashewkerne
Kokosfett
Mandeln

Cashewkerne

Cashewkerne sind mild im Geschmack, sie haben eine feine und leicht süßliche Note. Ihre Konsistenz ist weich, sie schmecken zart-buttrig.
Sie gehören zu den verhältnismäßig fettarmen Nüssen und haben einen hohen Eiweißanteil. Aufgrund ihres enormen Magnesiumgehalts stellen sie eine perfekte Nervennahrung dar. Zudem machen Cashewkerne glücklich, da sie den Hauptbaustein L-Tryptophan liefern, der zur Herstellung des seligmachenden Hormons Serotonin benötigt wird.

Gemahlene Mandeln

Mandelkerne enthalten etwa 20 Prozent Eiweiß sowie viele Mineralstoffe und Vitamine. Sie liefern reichlich Magnesium, welches die Nerven unterstützt und stressresistenter macht, sowie Calcium, das gut für die Knochen ist. Eisen wirkt zudem blutbildend. Die wertvollen ungesättigten Fettsäuren haben einen positiven Effekt auf die Blutfette und regulieren den Cholesterinspiegel; man sagt ihnen nach, ein regelmäßiger Verzehr könne vor Diabetes schützen und das Risiko von Herzkrankheit und Herzinfarkt senken.

Haselnusskerne

Haselnüsse sind reich an hochwertigem Eiweiß und gesunden ungesättigten Fetten und haben mehr Vitamin E als andere Nüsse. Letzteres hilft dem Körper, Giftstoffe auszuscheiden. Auch eine Anti-Aging-Wirkung wird ihm nachgesagt. Haselnüsse enthalten fast doppelt so viel Calcium wie Milch, zudem extra viel Magnesium, Eisen, Kupfer, reichlich Zink, Fluor und Selen. Essenzielle Aminosäuren finden sich in den Nüssen wieder; die enthaltenen wertvollen pflanzlichen Fette und Öle kurbeln den Fettstoffwechsel an.

Walnusskerne

Walnüsse sind ebenfalls sehr gesund. Auch sie enthalten einen hohen Anteil des Zellschutz-Vitamins E und wertvolle ungesättigte Fettsäuren, insbesondere Linolsäure. 30 Gramm Walnüsse decken den Tagesbedarf eines Erwachsenen an Linolsäure und an Omega-3-Fettsäuren. Auch Kalium für einen gesunden Blutdruck sowie Phosphat und Folsäure sind in Walnusskernen enthalten.

Apfelmus

Apfelmus kennt jeder. Im Handel wird es meist gezuckert verkauft. Wählt Apfelmus ohne Zuckerzusatz. Es eignet sich in vielen Backrezepten gut als Fettersatz und ermöglicht so gesündere Kreationen.

Erdnussmus, Erdnussbutter

Diese Begriffe sind nicht geschützt, Erdnussanteil und weitere Inhaltsstoffe können je nach Produkt variieren. Im Naturkosthandel besteht Erdnussmus nur aus Erdnüssen und eventuell Salz; Erdnussbutter kann auch anderes enthalten. Erdnussmus und -butter gibt es fein gemahlen („creamy") oder mit knackigen Erdnussstücken („crunchy"). Ich verwende feines Mus; je nach Vorliebe lässt es sich aber oft gegen die grobere Variante ersetzen. Erdnüsse sind Hülsenfrüchte und als solche reich an Protein. Zudem liefern sie B-Vitamine und wichtige Mineralien, etwa Magnesium.

Kokosöl

Dieses pflanzliche Fett, das aus der Kokosnuss gewonnen wird, kann stark erhitzt werden. Bei Zimmertemperatur wird es fest und muss geschmolzen werden. Kokosöl enthält viele gesättigte Fettsäuren; darunter aber ungewöhnlich viele mittelkettige, die vom Körper zügig abgebaut werden, den Energieverbrauch erhöhen und so beim Abnehmen helfen.

Leinsamen & Chiasamen

Ungeschälter Leinsamen besteht zu 25 Prozent aus Ballaststoffen und ist gleichzeitig frei von Kohlenhydraten. Er wirkt sättigend, regt die Verdauung an und hilft, den Cholesterinspiegel stabil zu halten. Zudem enthält Leinsamen reichlich ungesättigte Fettsäuren. Chiasamen stammen aus Mittelamerika und sind mit den Leinsamen vergleichbar.

Mandelmus

Mandelmus gibt es in heller („weiß") und dunkler („braun") Variante. Weißes Mandelmus wird aus geschälten und blanchierten Mandeln zubereitet; es besitzt eine feinere Konsistenz und ein mildes Aroma. Braunes Mandelmus wird aus ungeschälten und gerösteten Mandeln hergestellt und schmeckt intensiver.

Süßungsmittel

Agavendicksaft

Agavendicksaft wird aus dem Herz der Agaven gewonnen. Den dort austretenden Saft kocht man in Kesseln zu einem dickflüssigen Sirup ein; dadurch bleiben viele Mineralstoffe und Spurenelemente erhalten. Agavendicksaft hat nur einen dezenten Eigengeschmack und ist süßer als gewöhnlicher Haushaltszucker. Wie alle Dicksäfte besteht er hauptsächlich aus Fruchtzucker.

Ahornsirup

Ahornsirup wird aus Ahornbäumen gewonnen; man bohrt die Stämme an, fängt den austretenden Saft in Eimern auf und kocht ihn ein. Ahornsirup besitzt eine hohe Süßkraft und ein typisches Aroma; seine Konsistenz ähnelt der von flüssigem Honig. Je heller Ahornsirup ist, als umso hochwertiger gilt er. Seine Qualität wird in AA bis D angegeben.

Apfeldicksaft

Apfeldicksaft wird aus dem Saft von Äpfeln gewonnen. Er hat einen intensiven Eigengeschmack; seine Süßkraft ist etwas geringer als die von Honig. Man kann Apfeldicksaft auch selbst herstellen: Dafür trüben Apfelsaft langsam zu Sirup einköcheln lassen (das kann je nach Menge eine Weile dauern). Für 1 Liter Dicksaft benötigt man 5 bis 7 Liter Apfelsaft.

Birkenpuderzucker

Birkenzucker (Xylitol) kommt in vielen Pflanzen vor. Er besitzt die gleiche Süßkraft wie Raffinadezucker, kann diesen also 1:1 ersetzen. Zugleich enthält er viel weniger Kalorien und beeinflusst kaum den Blutzuckerspiegel. Traditionell wird er aus Birkenholz gewonnen, heute oft jedoch auch aus anderen Pflanzen. Achtet beim Kauf auf die Verpackung; sie sollte möglichst ein Biosiegel enthalten. Xylitol hat eine zahnpflegende Wirkung und findet auch in Kaugummis Verwendung.

Dattelsirup

Für die Herstellung von Dattelsirup werden frisch geerntete Datteln in Wasser eingeweicht, die Kerne werden entfernt. Man presst das Fruchtfleisch aus und kocht den austretenden Saft zu Sirup ein. Aus 4 Litern Dattelsaft erhält man in etwa 1 Liter Sirup. Dattelsirup ist dunkel und intensiv im Geschmack, er erinnert an Melasse und süßt stärker als Haushaltszucker.

Honig

Bienenhonig besteht zu 40 Prozent aus Fruchtzucker und zu 30 Prozent aus Traubenzucker. Er hat antibiotische Eigenschaften und kann entzündungshemmend wirken. Zudem unterstützt er die Herztätigkeit und hat einen blutdrucksenkenden Effekt.

Kokosblütenzucker

Kokosblütenzucker wird in Asien von Hand aus dem Nektar der Kokospalme hergestellt. Er ist für seinen geringen glykämischen Wert bekannt. Das heißt, er lässt den Blutzuckerspiegel nicht schnell, sondern langsam und gleichmäßig ansteigen, sorgt also nicht für Heißhungerattacken. Zudem ist er auch für Diabetiker geeignet. Kokosblütenzucker schmeckt karamellartig und kann wie brauner Zucker verwendet werden.

Muscovadozucker

Muscovadozucker ist sehr dunkler und naturbelassener Rohrzucker. Er hat eine braun-schwarze Farbe. Wegen seines hohen Melasseanteils (10 bis 15 Prozent) ist Muscovadozucker klumpig und feucht. Er schmeckt nach Karamell, Malz und Lakritz.

Rohrohrzucker

Rohrohrzucker ist geklärter, eingedickter Zuckerrohrsaft: Das Zuckerrohr wird zermahlen und gepresst, der austretende Saft erhitzt, gereinigt und eingedampft. Rohrohrzucker wird nur einmal raffiniert, er enthält daher noch Mineralstoffe und Melasse (Zuckersaft).

Vollrohrzucker

Vollrohrzucker ist unraffiniert und wird direkt aus Pflanzensaft gewonnen. Zur Herstellung wird Zuckerrohr ausgepresst, der austretende Saft wird gefiltert und zu Sirup eingekocht. Beim Abkühlen bilden sich Kristalle, die vermahlen werden. Vollrohrzucker enthält Mineralstoffe, Spurenelemente und Vitamine und hat einen intensiven karamelligen Eigengeschmack.

Frühstück

Der Start in den Tag gelingt am besten mit einem gesunden, leichten Frühstück, das Obst und vollwertiges Getreide enthält. Von Apfel-Zimt-Brot über leckere Quarkhörnchen bis hin zum Ofenpfannkuchen mit Kirschen – im folgenden Kapitel ist für jeden Süßschnabel etwas dabei!

Apfel-Zimt-BROT

Zum Auftakt ein etwas anderes Brot: Diese fruchtige Köstlichkeit besteht aus satten 500 g Äpfeln und schmeckt nicht nur morgens!

Für 1 Kastenform (ca. 25 cm)

Für den Teig

500 g geraspelte Äpfel

1 Päckchen Backpulver (15 g)

2 EL Zimt

2 Prisen Salz

4 Eier

50 ml geschmolzenes Kokosöl (alternativ Rapsöl)

320 g Dinkel-Vollkornmehl

140 g Kokosblütenzucker (alternativ Rohrohrzucker)

Außerdem

Fett für die Kastenform

1 ganzer Apfel

etwas Kokosblütenzucker (alternativ Rohrohrzucker) zum Bestreuen

Den Backofen auf 160 °C Umluft (180 °C Ober-/Unterhitze) vorheizen. Die Kastenform einfetten.

Alle Zutaten für den Teig in einer Schüssel vermengen und einige Minuten verrühren.

Den Teig in die Kastenform einfüllen, die Oberfläche glatt streichen.

Den ganzen Apfel waschen und in Scheiben schneiden; diese in der Mitte auf dem Teig anordnen. (Kerngehäuse und Schale können, müssen zuvor aber nicht entfernt werden.) Die Oberfläche mit etwas Kokosblütenzucker bestreuen.

Das Apfel-Zimt-Brot etwa 1½ Stunden im vorgeheizten Ofen auf der mittleren Schiene backen. Nach 50 bis 60 Minuten Backzeit das Brot mit Alufolie abdecken, damit die Oberfläche nicht zu dunkel wird.

Einen Stäbchentest machen, um sicherzugehen, dass der Kuchen durchgebacken ist: Dazu mit einem Holzstäbchen das Brot bzw. den Kuchen bis zum Boden einstechen. Am Stäbchen sollte kein roher Teig mehr kleben bleiben; andernfalls den Kuchen noch einige Minuten weiterbacken.

Nach dem Backen gut auskühlen lassen.

Apple CRUMBLE

Delikates nicht nur für England-Fans: Ein Apfelkompott, das mit Haferflocken-Streuseln überbacken und warm serviert wird.

Für 2 Personen

Für das Apfelkompott

500 g geschälte, entkernte Äpfel

Saft von ½ Zitrone

100 ml Apfeldicksaft (alternativ Agavendicksaft oder Honig)

1 EL Kokosöl

100 ml Apfelsaft (alternativ Orangensaft)

1 TL Speisestärke

Für die Streusel

⅛ TL Zimt

100 g gemahlene Mandeln

100 g Haferflocken

100 g Kokosraspel

50 ml Apfeldicksaft (alternativ Agavendicksaft oder Honig)

50 ml geschmolzenes Kokosöl

Außerdem

2 EL Apfeldicksaft (alternativ Agavendicksaft oder Honig)

einige Kokoschips zum Bestreuen

Den Backofen auf 180 °C Umluft (200 °C Ober-/Unterhitze) vorheizen.

Für das Apfelkompott die geschälten, entkernten Äpfel in Würfel schneiden und den Zitronensaft darüberträufeln. Den Apfeldicksaft dazugeben, die Äpfel darin wälzen.

Das Kokosöl in eine ofenfeste Pfanne geben und auf dem Herd schmelzen. Die Äpfel darin kurz anbraten, dann den Apfelsaft hinzugießen. Das Ganze ein klein wenig köcheln lassen.

Die Speisestärke in 2 Teelöffel Wasser glatt rühren und zu den Äpfeln geben. Gut umrühren, sodass ein schönes Apfelkompott entsteht.

Für die Streusel alle Zutaten in einem Standmixer zu einer bröseligen Streuselmasse verarbeiten. Über das Apfelkompott streuen und die Pfanne mit dem Crumble etwa 15 Minuten in den Ofen schieben.

Herausnehmen, mit dem Apfeldicksaft begießen und einigen Kokoschips bestreuen und warm servieren.

Tipp

Der Crumble schmeckt auch ausgezeichnet, wenn ihr statt der Äpfel Birnen verwendet.

Bananen-FRÜHSTÜCKSKÜCHLEIN

Diese Küchlein aus gesunden Zutaten wie Bananen, Leinsamen und Haferflocken garantieren einen energiegeladenen Start in den Tag.

Für 1 Muffinblech oder 12 kleine Backformen

Für die Küchlein

450 g sehr reife Bananen (ca. 5 Stück)

10 g geschrotete Leinsamen

1 TL Apfelessig

1 TL Zimt

¼ TL Salz

1 Päckchen Backpulver (15 g)

150 g Dinkelmehl (Type 630)

150 g zarte Haferflocken

75 ml Agavendicksaft

75 g geschmolzenes Kokosöl

Außerdem

Fett für die kleinen Back- oder Muffinförmchen

etwas Birkenpuderzucker zum Bestreuen

Den Backofen auf 170 °C Umluft (190 °C Ober-/Unterhitze) vorheizen. Die Mulden des Muffinblechs oder die Backformen einfetten.

Die Bananen mit einer Gabel zerdrücken.

Alle Zutaten für die Küchlein in einer Schüssel zu einem glatten Teig verrühren. In die Backförmchen oder Muffinförmchen füllen; jedes Förmchen sollte nur zu etwa zwei Dritteln befüllt sein.

Die Muffins im vorgeheizten Ofen auf der mittleren Schiene etwa 25 Minuten backen. (Die Backzeit hängt auch von der Größe der Backförmchen ab.)

Einen Stäbchentest machen (siehe S. 17), um sicherzugehen, dass der Teig durchgebacken ist.

Herausnehmen und mit Birkenpuderzucker bestäuben.

Bananenbrot
MIT CHIASAMEN

Hier ist es also, das saftige Brot vom Cover! Ich esse es am liebsten zum Frühstück, aber es schmeckt auch zu jeder anderen Tageszeit.

Für 1 Kastenform (ca. 26 cm)

Für das Bananenbrot

440 g sehr reife Bananen

200 g griechischer Joghurt (alternativ Naturjoghurt)

1 Päckchen Backpulver (15 g)

260 g Dinkelmehl (Type 630)

120 g zarte Haferflocken

50 g Proteinpulver Vanille (alternativ Dinkelmehl)

200 ml Milch

2 Eier

1 EL Chiasamen

3 EL Kokoschips

Außerdem

Fett für die Kastenform

1 feste Banane für die Deko

einige Kokoschips zum Bestreuen

Den Backofen auf 170 °C Umluft (190 °C Ober-/Unterhitze) vorheizen. Die Kastenform einfetten.

Die reifen Bananen mit einer Gabel zerdrücken. In eine Schüssel geben und mit allen anderen Zutaten für das Bananenbrot – außer den Kokoschips – gründlich zu einem glatten Teig verrühren. Zuletzt die Kokoschips unterheben.

Den Teig in die Kastenform füllen. Die feste Banane für die Deko längs halbieren und oben auf den Teig legen.

Das Bananenbrot im vorgeheizten Ofen auf der mittleren Schiene 45 bis 50 Minuten backen. Nach etwa 30 Minuten Backzeit das Brot mit Alufolie abdecken, damit die Oberfläche nicht zu dunkel wird.

Aus dem Ofen nehmen, gut abkühlen lassen und mit den Kokoschips bestreuen.

Birnen-
FRÜHSTÜCKSKUCHEN

Was tun, wenn man viel zu viele Birnen zu Hause hat? Natürlich: einen Kuchen backen! Dieser hier ist sehr kompakt und macht richtig satt.

Für 1 große Gugelhupfform (ca. 24 cm Ø)

Für den Teig

700 g sehr reife Birnen

100 g Walnusskerne

400 g Dinkelmehl (Type 630)

1 Päckchen Backpulver (15 g)

1 Prise Salz

1 TL Zimt

50 g Kokosblütenzucker (alternativ Rohrohrzucker)

50 g Rohrohrzucker (alternativ Kokosblütenzucker)

1 Ei

Für den Guss

100 g leichter Frischkäse

25 ml Milch

25 ml Ahornsirup

Außerdem

Fett für die Gugelhupfform

Den Backofen auf 160 °C Umluft (180 °C Ober-/Unterhitze) vorheizen. Die Gugelhupfform einfetten.

Die Birnen entkernen und sehr fein raspeln oder in einem Standmixer kurz auf hoher Stufe zerkleinern. Die Walnüsse klein hacken. In einer Schüssel alle Zutaten für den Teig vermengen und glatt rühren.

Den Rührteig in die Gugelhupfform geben. Den Birnen-Frühstückskuchen im vorgeheizten Ofen auf der mittleren Schiene etwa 1 Stunde 15 Minuten backen. Nach 45 bis 55 Minuten Backzeit mit Alufolie abdecken, damit die Oberfläche nicht zu dunkel wird.

Einen Stäbchentest machen (siehe S. 17), um sicherzugehen, dass der Kuchen durchgebacken ist. Aus dem Ofen nehmen und gut auskühlen lassen; erst dann den Kuchen aus der Form stürzen.

Für den Guss den Frischkäse mit Milch und Ahornsirup cremig rühren. Erst kurz vor dem Servieren über den Kuchen gießen.

Buchweizenwaffeln
MIT BLAUBEERCREME

Waffeln liebt jeder. Warum also nicht mal eine gesunde Variante backen, die aus viel Quark besteht und mit einer köstlichen Blaubeercreme garniert wird ...

Für etwa 14 Stück

Für die Waffeln

5 Eier

1 Prise Salz

500 g Magerquark

150 g Naturjoghurt

350 g Buchweizenmehl

50 ml Rapsöl

1 Päckchen Backpulver (15 g)

100 ml Milch (alternativ Mandelmilch, Sojamilch o. Ä.)

200 g Birkenzucker (alternativ 220 g Kokosblütenzucker)

Für die Blaubeercreme

1 Handvoll Blaubeeren

150 g Naturjoghurt

150 g leichter Frischkäse

2 EL Agavendicksaft

Außerdem

etwas Rapsöl für das Waffeleisen

frische Blaubeeren für die Deko

Das Waffeleisen einfetten.

Die Eier trennen. Das Eiweiß mit dem Salz steif schlagen. Die Eigelbe mit den übrigen Waffelteigzutaten in einer Schüssel zu einem glatten Teig verrühren.

Den Eischnee vorsichtig unter den Teig heben. Die Waffeln im Waffeleisen auf mittlerer Stufe langsam ausbacken.

Für die Blaubeercreme die Blaubeeren pürieren und mit Naturjoghurt, Frischkäse und Agavendicksaft cremig rühren. Die Waffeln mit der Creme und den frischen Blaubeeren garnieren – oder Creme und Blaubeeren zu den Waffeln reichen. Sofort servieren.

Tipp

Statt mit Blaubeeren kann man die Creme auch mit anderen Beeren zubereiten, etwa mit Himbeeren, Brombeeren oder Erdbeeren.

Dinkelbrioche
MIT HIMBEERSTRUDEL

Ofenfrischer Hefezopf zum Frühstück – wer kann da schon widerstehen? Durch den Himbeerstrudel bekommt er eine raffinierte fruchtige Note.

Für 1 Kastenform (ca. 30 cm)

Für den Hefeteig

100 ml lauwarmes Wasser

100 ml lauwarme Milch

60 ml Ahornsirup • 1 Würfel Hefe

500 g Dinkelmehl (Type 630)

50 g Vollrohrzucker • 50 g Apfelmus

1 Prise Salz • 1 Prise Kardamom

Für die Füllung

160 g Himbeeren • je 200 g leichter Frischkäse und Magerquark

60 g Vollrohrzucker

1 EL geschmolzenes Kokosöl

1 EL Johannisbrotkernmehl

Für den Guss

100 g pürierte Himbeeren

100 g Naturjoghurt

2 EL Ahornsirup • 2–4 EL Milch

Außerdem

Fett für die Kastenform

Mehl für die Arbeitsfläche • 1 Eigelb

Für den Hefeteig das Wasser mit der Milch und dem Ahornsirup vermischen. Die Hefe hineinbröckeln und etwa 10 Minuten gehen lassen.

In einer Schüssel die Hefemilch mit den übrigen Teigzutaten zu einem glatten Hefeteig verarbeiten. Den Teig einige Minuten gut durchkneten; abdecken und an einem warmen Ort etwa 1 Stunde gehen lassen.

Inzwischen den Backofen auf 170 °C Umluft (190° Ober-/Unterhitze) vorheizen. Die Kastenform einfetten.

Den Hefeteig nochmals kurz durchkneten und auf einer bemehlten Arbeitsfläche zu einem etwa 70 x 30 cm großen Rechteck ausrollen.

Alle Zutaten für die Füllung verrühren. Die Masse gleichmäßig auf der Teigplatte verstreichen, diese quer in fünf gleich große Teile (mit je 30 cm Länge und etwa 14 cm Breite) schneiden. Die Teile jeweils von der langen Seite her aufrollen, die Rollen längs in die Kastenform schichten. Nochmals etwa 10 Minuten gehen lassen. Mit dem Eigelb bestreichen und im vorgeheizten Ofen auf der mittleren Schiene 30 bis 35 Minuten backen.

Die Zutaten für den Guss glatt rühren und direkt vor dem Servieren über die ausgekühlte Himbeerbrioche gießen. Den Hefezopf am besten ganz frisch genießen!

Tipp

Statt Vollrohrzucker könnt ihr auch Rohrohrzucker oder Kokosblütenzucker nehmen und statt Ahornsirup Agavendicksaft.

Vanilla Dutch Baby
MIT BLAUBEEREN

So ein Pfannkuchen aus dem Ofen ist doch herrlich: Er lässt sich ohne viel Aufwand zubereiten und schmeckt unglaublich lecker!

Für 1–2 Personen

Für den Teig

1 Vanilleschote

2 Eier

120 ml Milch

40 g Kokosblütenzucker

1 Prise Salz

80 g Dinkelmehl (Type 630)

Für die Pfanne

30 g Kokosöl

125 g Blaubeeren

Außerdem

etwas Birkenpuderzucker zum Bestreuen

frische Blaubeeren für die Deko

Den Backofen auf 180 °C Umluft (200 °C Ober-/Unterhitze) vorheizen.

Die Vanilleschote längs aufschneiden und das Mark herauskratzen.

In einer Schüssel das Vanillemark mit den Eiern, der Milch, dem Kokosblütenzucker und dem Salz verrühren. Das Dinkelmehl untermengen und alles zu einem glatten, flüssigen Teig verarbeiten.

Das Kokosöl in eine ofenfeste Pfanne geben, diese in den vorgeheizten Backofen stellen. Sobald das Öl geschmolzen ist, herausnehmen und die Blaubeeren in der Pfanne auf dem Öl verteilen. Den Teig darübergießen, die Pfanne zurück in den Ofen stellen. Das Dutch Baby im vorgeheizten Ofen auf der mittleren Schiene 20 bis 25 Minuten backen.

Herausnehmen, mit Birkenpuderzucker bestäuben, mit frischen Blaubeeren dekorieren und warm servieren.

Tipp

Zu diesem Blaubeer-Pfannkuchen passt auch eine Vanillesauce ganz hervorragend.

Cranberry FLAPJACKS

Knusprige Energieriegel aus vielen gesunden Zutaten, die sich auch ausgezeichnet als Snack zwischendurch eignen.

Für 1 eckige Backform (22 x 22 cm); ergibt 8 Stück

Für die Flapjacks

200 g zarte Haferflocken

100 g getrocknete Cranberrys

50 g Kokosraspel

50 g gehackte Walnusskerne

100 ml Ahornsirup

75 g Cashewmus

75 g Mandelmus

Für den Schoko-Drizzle

2 TL geschmolzenes Kokosöl

2 TL Ahornsirup

2 TL Kakaopulver

Außerdem

Backpapier für die Backform

Den Backofen auf 160 °C Umluft (180 °C Ober-/Unterhitze) vorheizen.

In einer Schüssel die Haferflocken mit den getrockneten Cranberrys, den Kokosraspeln und den Walnüssen mischen.

In einem Topf den Ahornsirup unter Rühren mit Cashew- und Mandelmus leicht erwärmen, bis sich alles etwas verflüssigt und vermischen lässt. Über die trockenen Zutaten gießen und alles gut vermengen.

Die Flapjack-Masse gleichmäßig in der Backform verteilen und gut platt drücken. Im Ofen auf der mittleren Schiene etwa 40 Minuten backen.

Herausnehmen und in 8 Riegel schneiden – am besten, solange die Masse noch warm ist, damit sie beim Schneiden nicht bricht.

Für den Schoko-Drizzle alle Zutaten verrühren und in dekorativen Linien über die Flapjacks spritzen oder tröpfeln.

Tipp

Ihr könnt auch nur entweder Cashew- oder Mandelmus verwenden – nehmt davon dann 150 g.

Kokos-Protein-PANCAKES

Frühstück nach kanadischem Vorbild: Mit diesen nahrhaften Pfannkuchen startet ihr fit und gesund in den Tag.

Für etwa 8 Pancakes

Für den Teig

1 reife Banane

100 g Kokosraspel

100 g Haferflocken

200 ml Kokosmilch

100 ml Milch

20 g geschmolzenes Kokosöl

30 g Proteinpulver Vanille- oder Kokosgeschmack (alternativ Dinkelmehl, Type 630)

1 Ei • 1 Eiweiß

½ Päckchen Backpulver (8 g)

30 g Kokosblütenzucker (alternativ Vollrohrzucker)

Außerdem

etwas Kokosöl zum Braten

Kokoschips zum Bestreuen, nach Belieben

Ahornsirup, nach Belieben

Die Banane mit einer Gabel zerdrücken.

Die Kokosraspel mit den Haferflocken vermischen und in einem Standmixer fein mahlen, sodass eine Art Mehl entsteht. In einer Schüssel mit dem Bananenmus und allen weiteren Zutaten zu einem glatten Teig verrühren.

In einer Pfanne etwas Kokosöl erhitzen und die Pancakes darin nacheinander auf mittlerer Stufe ausbacken.

Nach Belieben mit den Kokoschips bestreuen und den Ahornsirup darübergießen. Die Pancakes warm servieren.

Ofenpfannkuchen
MIT KIRSCHEN

Ein fruchtiger Pfannkuchen aus Buchweizenmehl, der schnell zusammengerührt ist und im Ofen gebacken wird.

Für 1–2 Personen

Für den Teig

2 Eier

150 ml Milch

1 Prise Salz

120 g Buchweizenmehl

60 g Kokosblütenzucker (alternativ brauner Zucker oder Vollrohrzucker)

10 g geschmolzenes Kokosöl

300 g entsteinte Kirschen (aus dem Glas; am besten Schattenmorellen), abgetropft

Außerdem

20 g Kokosöl für die ofenfeste Pfanne (oder Auflaufform)

frische Kirschen für die Deko

etwas Kokosblütenzucker zum Bestreuen

Den Backofen auf 180 °C Umluft (200 °C Ober-/Unterhitze) vorheizen.

In einer Schüssel die Eier mit der Milch und dem Salz sowie dem Buchweizenmehl verrühren. Den Kokosblütenzucker und das geschmolzene Kokosöl dazugeben. Alles zu einem glatten Teig verrühren.

20 g Kokosöl in eine ofenfeste Pfanne geben und diese in den vorgeheizten Backofen stellen, bis das Öl geschmolzen ist.

Herausnehmen und die abgetropften Kirschen in der Pfanne verteilen. Den Teig darübergießen und den Pfannkuchen im vorgeheizten Ofen auf der mittleren Schiene etwa 25 Minuten backen.

Mit den frischen Kirschen dekorieren und mit dem Kokosblütenzucker bestreuen. Sofort warm servieren.

Tipp

Dieser Pfannkuchen schmeckt auch mit Blaubeeren, Himbeeren, Brombeeren oder Erdbeeren wunderbar.

Mandel-Bananen-PANCAKES

Diese Mischung hat's in sich: Bananen liefern wichtige Nährstoffe wie Kalium und Magnesium, Mandeln enthalten zusätzlich reichlich Calcium.

Für etwa 10 Pancakes

Für den Teig

1 sehr reife Banane

100 g griechischer Joghurt (alternativ Naturjoghurt)

100 g Kokosraspel

1 Ei

60 g Mandelmus (alternativ Erdnussmus)

100 g Agavendicksaft

½ Päckchen Backpulver (8 g)

200 g Dinkelmehl (Type 630)

230 ml Milch

Außerdem

etwas Kokosöl zum Braten

1 frische Banane, in Scheiben geschnitten

einige ganze Mandeln

einige Kokosraspel zum Bestreuen

Agavendicksaft zum Begießen

Die reife Banane mit einer Gabel zerdrücken und mit dem griechischen Joghurt verrühren.

In einem Standmixer die Kokosraspel fein mahlen, sodass eine Art Kokosmehl entsteht.

Alle Zutaten in einer Schüssel zu einem glatten Teig verrühren.

In einer Pfanne bei mittlerer Hitze etwas Kokosöl schmelzen und die Pancakes darin nacheinander ausbacken.

Mit den Bananenscheiben, den ganzen Mandeln, Kokosraspeln und dem Agavendicksaft garniert servieren.

Quark-HÖRNCHEN

Bereitet den Teig am Vorabend zu und legt ihn über Nacht in den Kühlschrank – dann ist euer Frühstück morgens ruck, zuck fertig!

Für 1 Backblech; ergibt 12 Stück

Für den Teig

300 g Dinkelmehl (Type 630)

1 Prise Salz

1 Päckchen Backpulver (15 g)

150 g Magerquark

20 g Süßlupinenmehl

75 ml Rapsöl

60 ml Milch

70 ml Agavendicksaft

Außerdem

Mehl für die Arbeitsfläche

Backpapier für das Backblech

Birkenpuderzucker zum Bestreuen

Alle Zutaten für den Teig verkneten – der Quarkteig klebt eventuell etwas, aber das ist in Ordnung. Den Teig in Folie wickeln und über Nacht in den Kühlschrank legen.

Am nächsten Morgen den Teig rechtzeitig aus dem Kühlschrank nehmen, damit er Zimmertemperatur erreicht und sich besser weiterverarbeiten lässt. Den Backofen auf 170 °C Umluft (190 °C Ober-/Unterhitze) vorheizen. Das Backblech mit Backpapier auslegen.

Den Teig nochmal kurz durchkneten, dann auf einer bemehlten Fläche zu einem Kreis mit etwa 50 cm Durchmesser ausrollen und wie eine Pizza in insgesamt 12 Stücke schneiden. Dadurch entstehen 12 lange Dreiecke. Diese nun einzeln vom Ende zur Spitze hin zu Hörnchen aufrollen.

Die Quark-Hörnchen auf dem Backblech verteilen und im vorgeheizten Ofen auf der mittleren Schiene 15 bis 20 Minuten backen. Werden sie dabei rasch dunkel, mit Alufolie abdecken und weiterbacken.

Die Hörnchen unbedingt ganz frisch genießen; so schmecken sie am besten!

Süßes AVOCADOBROT

Dieses raffinierte Brot schmeckt nur dezent süß und kann daher prima den ganzen Tag über gefuttert werden.

Für 1 Kastenform (ca. 30 cm)

Für den Teig

- 160 g Fruchtfleisch von 1 reifen Avocado
- 4 Eier
- 1 Prise Salz
- 50 g Kokosblütenzucker
- 80 g Vollrohrzucker
- 1 Päckchen Backpulver (15 g)
- 250 g Dinkelmehl (Type 630)
- 120 g gemahlene Mandeln
- 100 g geschmolzenes Kokosöl
- 100 ml Milch
- einige Tropfen Bittermandelaroma

Außerdem

- Fett für die Kastenform

Den Backofen auf 170 °C Umluft (190 °C Ober-/Unterhitze) vorheizen. Die Kastenform einfetten.

Das Avocadofruchtfleisch mit einer Gabel zerdrücken.

Die Eier mit Salz, Kokosblütenzucker und Vollrohrzucker cremig schlagen. Das Avocadomus und alle weiteren Zutaten dazugeben, das Ganze zu einem geschmeidigen Teig verrühren.

Den Rührteig in die Kastenform geben und das Avocadobrot im vorgeheizten Ofen auf der mittleren Schiene 40 bis 45 Minuten backen.

Das Brot vor dem Anschneiden komplett auskühlen lassen – im warmen Zustand hat die Avocado nämlich manchmal einen starken Eigengeschmack.

Tipp

Ihr könnt auch nur Kokosblütenzucker oder Vollrohrzucker verwenden – nehmt davon dann 130 g.

Maiswaffeln mit APFEL UND ZUCCHINI

Waffeln zum Frühstück?! Oh ja! Wenn sie aus gesunden und guten Zutaten bestehen, ist das sogar sehr empfehlenswert …

Für 10–12 Waffeln

Für den Waffelteig

300 g geschälte Äpfel

300 g geschälte Zucchini

150 ml Milch

30 ml geschmolzenes Kokosöl

80 g Apfelmus

200 g Maismehl

120 ml Apfeldicksaft (alternativ Agavendicksaft)

2 Eier

200 g Dinkelmehl (Type 630)

1 Päckchen Backpulver (15 g)

1 Prise Salz

Außerdem

Fett für das Waffeleisen

Birkenpuderzucker zum Bestreuen

Die Äpfel vom Kerngehäuse befreien, Äpfel und Zucchini raspeln.

Die Milch, das geschmolzene Kokosöl, das Apfelmus und das Maismehl in einer Schüssel vermengen. Den Apfeldicksaft dazugießen.

Die Eier aufschlagen und zusammen mit dem Dinkelmehl, dem Backpulver und dem Salz ebenfalls zu der Mischung in die Schüssel geben.

Zuletzt die Zucchini- und die Apfelraspel hinzufügen und mit den restlichen Zutaten zu einem gleichmäßigen Teig verrühren.

Ein Waffeleisen einfetten und auf mittlere Stufe erhitzen. Den Teig darin portionsweise langsam ausbacken. Vor dem Servieren mit Birkenpuderzucker bestreuen.

Kuchen

Für mich ist ein Tag dann gelungen, wenn es mindestens ein Stück leckeren Kuchen zum Naschen gab. Seht ihr das auch so? Dann probiert doch mal die folgenden Kreationen mit Feigen oder Johannisbeeren, mit Erdnüssen oder Pistazien – damit wird es auf eurer Kaffeetafel garantiert nicht langweilig!

Apfel- HASELNUSS-KUCHEN

Äpfel und Nüsse sind einfach immer ein cooles Team. Hier machen die geraspelten Früchte den Teig schön saftig, und die Nüsse sorgen für herrlichen Geschmack.

Für 1 Kastenform (ca. 30 cm)

Für den Teig

200 g gemahlene Haselnüsse

100 g gemahlene Mandeln

7 Eier

100 g Apfelmus

1 Prise Zimt

300 g Dinkelmehl

200 g Rohrohrzucker

1 Päckchen Backpulver (15 g)

3 mittelgroße Äpfel

Für den Guss

150 g Birkenpuderzucker

2–4 EL Milch (je nach gewünschter Konsistenz)

Außerdem

Fett für die Kastenform

einige Haselnusskerne, grob gehackt

Den Backofen auf 180 °C Umluft (200 °C Ober-/Unterhitze) vorheizen. Die Kastenform einfetten.

Die Haselnüsse mit den Mandeln vermischen.

Die Eier schaumig schlagen und in einer Schüssel mit dem Apfelmus verrühren.

Zimt, Dinkelmehl, Rohrohrzucker und Backpulver vermischen und zur Eiermasse geben. Die Nüsse dazugeben und alles zu einem gleichmäßigen Teig verrühren.

Die Äpfel schälen, entkernen und raspeln (oder sehr klein schneiden). Unter den Teig heben, diesen in die Kastenform geben und glatt streichen. Im Ofen auf der mittleren Schiene 70 bis 80 Minuten backen; nach etwa 40 Minuten Backzeit die Form mit Alufolie abdecken, damit der Kuchen nicht zu dunkel wird. Bevor ihr ihn aus dem Ofen nehmt, einen Stäbchentest machen (siehe S. 17), um sicherzugehen, dass er durchgebacken ist.

Sobald der Kuchen ausgekühlt ist, den Birkenpuderzucker mit der Milch zu einem Guss verquirlen und über den Kuchen gießen. Die gehackten Haselnusskerne darüberstreuen.

Tipp

Am besten schmeckt der Apfel-Haselnuss-Kuchen, wenn er einige Stunden durchgezogen ist.

Vollkorn-Bananen-MINIKUCHEN

Ein gesunder Bananenkuchen aus Vollkornmehl und Nüssen, der dank dem Apfelmus völlig ohne zusätzliches Fett auskommt.

1 kleine Gugelhupfform (16–18 cm Ø)

Für den Teig

3 sehr reife Bananen

150 g Dinkel-Vollkornmehl

100 g gemahlene Haselnüsse

2 große Eier

1 Päckchen Backpulver (15 g)

150 g Apfelmus

1 Prise Zimt

25 g dunkler Muscovadozucker (alternativ Kokosblütenzucker)

Für den Schokoguss

3 EL geschmolzenes Kokosöl

3 EL Kakaopulver

3 EL Agavendicksaft

Außerdem

Fett für die Gugelhupfform

ganze Haselnusskerne für die Deko

Den Backofen auf 180 °C Umluft (200 °C Ober-/Unterhitze) vorheizen. Die kleine Gugelhupfform einfetten.

Die reifen Bananen mit einer Gabel zerdrücken. Das Bananenmus in einer Schüssel mit allen weiteren Zutaten zu einem glatten Teig verrühren.

Den Teig in die Gugelhupfform geben und im vorgeheizten Ofen auf der mittleren Schiene etwa 1 Stunde backen. Nach ungefähr 30 Minuten die Oberfläche des Bananenkuchens mit Alufolie abdecken, damit der Kuchen nicht zu stark bräunt.

Einen Stäbchentest machen (siehe S. 17), um sicherzugehen, dass der Kuchen durchgebacken ist.

Gut auskühlen lassen und dann erst aus der Form nehmen.

Für den Schokoguss einfach alle Zutaten in einem kleinen Standmixer verarbeiten oder anderweitig gut verrühren und auf dem Kuchen verteilen.

Die Haselnusskerne hacken und über den noch flüssigen Guss streuen.

Tipp

Wer keine Mini-Gugelhupfform besitzt, kann auch jede beliebige andere Mini-Backform verwenden.

Birnen-GALETTE

Eine raffinierte, süße Abwandlung der bretonischen Spezialität: feine Zimtbirnen, die von knusprigem Teig umhüllt werden.

Für 1 Galette (1 Backblech)

Für den Teig

300 g Dinkelmehl (Type 630)

50 g Kokosblütenzucker

1 Prise Salz

80 g geschmolzenes Kokosöl

100 ml kaltes Wasser

Für die Füllung

6 kleinere Birnen

Zimt zum Bestreuen

3 EL Rohrohrzucker (etwas mehr, wenn man es süß mag)

Außerdem

Mehl für die Arbeitsfläche

Backpapier für das Backblech

1 EL Rohrohrzucker für den Teigrand

Das Dinkelmehl mit dem Kokosblütenzucker und dem Salz mischen. Zuerst das geschmolzene Kokosöl, dann nach und nach das kalte Wasser dazugeben. Alles zu einem glatten Teig verkneten.

Den Teig in Folie wickeln und 1 Stunde im Kühlschrank ruhen lassen. Er wird dadurch etwas fester; deshalb vor dem Weiterverarbeiten nochmal kurz weich kneten. (Man kann den Teig auch über Nacht kalt stellen. Nehmt ihn dann aber etwa 1 Stunde vor dem Weiterverarbeiten heraus, damit er Zimmertemperatur bekommt und sich wieder kneten lässt.)

Den Backofen auf 170 °C Umluft (190 °C Ober-/Unterhitze) vorheizen. Ein Backblech mit Backpapier auslegen.

Den Teig auf einer bemehlten Arbeitsfläche zu einem 35 bis 40 cm großen Kreis ausrollen. Diesen auf das Backblech legen.

Die Birnen schälen, entkernen und in dünne Spalten schneiden. Auf der Teigplatte verteilen; dabei einen Rand von 3 bis 4 cm freilassen. Die Birnen mit Zimt und dem Rohrohrzucker für die Füllung bestreuen. Den Teigrand rundherum einschlagen, wie für eine Galette typisch, und mit 1 Esslöffel Rohrohrzucker bestreuen.

Die Galette 35 bis 40 Minuten goldbraun backen und warm servieren.

Tipp

Ihr könnt für diese Galette statt der Birnen zur Abwechslung auch mal Äpfel verwenden.

Erdnusskuchen
MIT FROSTING

In Erdnüsse könnte ich mich buchstäblich reinlegen. Diese süß-salzige Kreation mit dem cremigen Frosting ist eines meiner Highlights.

Für 1 quadratische Springform (ca. 24 x 24 cm)

Für den Kuchen

200 g cremige Erdnussbutter

220 g Dinkelmehl (Type 630)

1 Päckchen Backpulver (15 g)

130 g Naturjoghurt • 1 Prise Salz

200 ml Milch (alternativ Mandelmilch oder Sojamilch)

150 g Birkenzucker (alternativ 160 g Kokosblütenzucker)

1 Ei

Für das Frosting

250 g Magerquark

50 g Erdnussbutter

30 g Apfeldicksaft (alternativ Agavendicksaft)

1 EL Milch (alternativ Mandelmilch oder Sojamilch)

Außerdem

etwas Kokosfett für die Springform

einige gesalzene Erdnüsse, sehr grob gehackt, für die Deko

Den Backofen auf 180 °C Umluft (200 °C Ober-/Unterhitze) vorheizen. Die Springform einfetten.

Alle Zutaten für den Kuchen in einer Schüssel vermengen und zu einem homogenen, cremigen Teig verrühren.

Den Teig in die Springform füllen, glatt streichen und den Kuchen im vorgeheizten Ofen auf der mittleren Schiene etwa 45 Minuten backen. Vollständig auskühlen lassen.

Für das Frosting den Magerquark mit der Erdnussbutter glatt rühren. Apfeldicksaft und Milch dazugeben und das Ganze cremig rühren. Auf den ausgekühlten Kuchen streichen und mit einigen gesalzenen Erdnüssen bestreuen.

Tipp

Wer keine eckige Springform besitzt, verwendet einfach eine runde mit 26 cm Durchmesser.

Feigen-KUCHEN

Jedes Jahr im Spätsommer haben wir Unmengen an frischen Feigen in unserem Garten. Was das bedeutet? Es gibt Unmengen an Feigenkuchen!

Für 1 eckige Backform
(ca. 20 x 30 cm)

Für den Teig

300 g Apfelmus

200 g griechischer Joghurt (alternativ Naturjoghurt)

3 Eier

⅛ TL Kardamom

¼ TL Zimt

200 g gemahlene Mandeln

80 ml Rapsöl

150 g Muscovadozucker (alternativ Vollrohrzucker)

1 Päckchen Backpulver (15 g)

1 Prise Salz

250 g Dinkelmehl

Für den Feigenbelag

8 frische Feigen

2 EL Muscovadozucker (alternativ Vollrohrzucker)

Außerdem

Fett für die Backform

Den Backofen auf 180 °C Umluft (200 °C Ober-/Unterhitze) vorheizen. Die Backform einfetten.

In einer Schüssel das Apfelmus mit dem Joghurt verrühren. Die Eier aufschlagen und unter den Apfelmus-Joghurt rühren. Alle weiteren Teigzutaten dazugeben und das Ganze zu einem gleichmäßigen Rührteig verarbeiten.

Den Teig in die Backform gießen. (Ob ihr hier eine eckige Form oder lieber eine entsprechende runde nehmt, bleibt euch überlassen.)

Die Feigen waschen, vom Stiel befreien und kreuzartig von oben einschneiden. Alle vier Teile aufklappen und auf den Teig legen. Mit dem Muscovadozucker bestreuen. Den Feigenkuchen im vorgeheizten Ofen auf der mittleren Schiene 35 bis 45 Minuten backen; nach etwa 25 Minuten Backzeit mit Alufolie abdecken, damit er nicht zu dunkel wird.

Einen Stäbchentest machen (siehe S. 17), um sicherzugehen, dass der Teig durchgebacken ist. Den Kuchen aus dem Ofen nehmen, gut auskühlen lassen und erst danach aus der Form lösen.

Tipp

Der Kuchen kann auch mit anderen Früchten belegt werden, zum Beispiel mit Zwetschgenhälften.

ROSTFREI

Große Karotten-ZIMT-SCHNECKE

Serviert diese feine Schnecke ganz frisch zum Kaffeeklatsch – dann schmeckt der Hefeteig am besten und ist noch schön saftig!

Für 1 Springform (26–28 cm Ø)

Für den Hefeteig

180 g geschälte Karotten

80 ml lauwarme Milch

50 ml lauwarmes Wasser

80 g Agavendicksaft

1 Würfel Hefe

500 g Dinkelmehl

1 Prise Salz

Für die Füllung

100 g geschmolzenes Kokosöl

100 g Kokosblütenzucker (alternativ Rohrohrzucker)

1 gehäufter TL Zimt

1 Msp. Kardamom (gern auch etwas mehr für alle, die Kardamom mögen)

Außerdem

etwas Fett für die Springform

Birkenpuderzucker zum Bestreuen, nach Belieben

Die geschälten Karotten sehr fein raspeln und beiseitestellen.

Die lauwarme Milch mit dem lauwarmen Wasser und dem Agavendicksaft mischen. Die Hefe hineinbröckeln und 10 Minuten gehen lassen.

Das Dinkelmehl und das Salz zur Hefemilch geben, zu einem Teig verarbeiten und einige Minuten durchkneten. Zuletzt die Karottenraspel hinzufügen und unterkneten. Den Hefeteig abgedeckt an einem warmen Ort etwa 1 Stunde gehen lassen.

Den Backofen auf 160 °C Umluft (180 °C Ober-/Unterhitze) vorheizen. Die Springform einfetten.

Für die Füllung das geschmolzene Kokosöl mit dem Kokosblütenzucker, dem Zimt und dem Kardamom verrühren.

Nach dem Gehen den Hefeteig nochmals kurz durchkneten und auf einer bemehlten Fläche zu einem etwa 50 x 40 cm großen Rechteck ausrollen.

Die Füllung gleichmäßig auf dem Teigrechteck verstreichen. Das Rechteck in 12 Streifen schneiden, aus denen man jetzt die Schnecke formt. Dafür den ersten Streifen aufrollen und in die Mitte der Springform setzen. Den zweiten Streifen um diese Schnecke herumwickeln. Alle weiteren Streifen nacheinander herumwickeln, bis man eine einzige große Schnecke hat. Diese nochmals 10 Minuten gehen lassen, dann im vorgeheizten Ofen auf der mittleren Schiene etwa 30 Minuten goldbraun backen.

Wer möchte, kann die Schnecke vor dem Servieren noch mit Birkenpuderzucker bestreuen.

Käsekuchen mit KOKOSMILCH-SCHOKO-SAUCE

Ein Käsekuchen aus Kokosmilch?! Ja, den gibt es! Er schmeckt sogar so gut, dass ich die Schokosauce jetzt ebenfalls aus Kokosmilch mache.

Für 1 Springform (ca. 24 cm Ø)

Für den Käsekuchen

500 g Magerquark

150 g leichter Frischkäse

3 Eier

200 ml Kokosmilch

1 Päckchen Vanillepuddingpulver

100 ml Agavendicksaft

Für die Schokosauce

200 ml Kokosmilch

50 g Kokosblütenzucker (alternativ Rohrohrzucker)

2 EL Kakaopulver

1 EL Kokosöl

Außerdem

1 EL Rohrohrzucker zum Bestreuen

Fett für die Springform

Den Backofen auf 170 °C Umluft (190 °C Ober-/Unterhitze) vorheizen. Die Springform einfetten.

Alle Zutaten für den Käsekuchen in einer Schüssel miteinander verquirlen und in die Springform füllen. Den Käsekuchen mit 1 Esslöffel Rohrohrzucker bestreuen und im vorgeheizten Ofen auf der mittleren Schiene etwa 50 Minuten backen.

Den Kuchen im Ofen bei geöffneter Backofentür auskühlen lassen, damit er nicht gleich zusammenfällt und Risse bekommt.

Für die Schokosauce alle Zutaten in einem Topf bei niedriger bis mittlerer Hitze erwärmen und so lange rühren, bis der Kokosblütenzucker geschmolzen ist. Vorsicht: Dabei darf die Sauce nicht kochen! Auskühlen lassen und über dem Käsekuchen verteilen.

Tipp

Kokosmilch schmeckt nicht nur köstlich, sondern ist auch ein ausgezeichneter Energielieferant.

Mohn-Mandel-Kuchen
MIT JOHANNISBEEREN

Dieser lockere Kuchen mit einem säuerlichen Touch kommt im Sommer auf jeder Party gut an!

Für 1 kleine Springform (ca. 20 cm Ø)

Für den Kuchen

200 g fein gemahlene Mandeln

2 EL Mohnsamen

1 gute Prise Salz

½ Päckchen Backpulver (8 g)

60 ml Rapsöl

je 30 ml Honig und Agavendicksaft (alternativ 60 ml Honig oder Agavendicksaft)

2 Eier

1 EL geschrotete Leinsamen

einige Tropfen Bittermandelaroma

100 g Johannisbeeren

Für das Topping

200 g Magerquark

2–3 EL Honig, je nach Geschmack (alternativ Agavendicksaft)

2–3 Tropfen Bittermandelaroma, nach Belieben

Außerdem

Fett für die Springform

frische Johannisbeeren für die Deko

Den Backofen auf 170 °C Umluft (190 °C Ober-/Unterhitze) vorheizen. Die Springform einfetten.

Alle Zutaten für den Kuchen außer den Johannisbeeren in einer Schüssel zu einem glatten Teig verrühren. Anschließend die Beeren unterheben.

Den Teig in die Springform gießen und 25 bis 30 Minuten im vorgeheizten Ofen auf der mittleren Schiene backen. Vollständig auskühlen lassen.

Inzwischen das Topping herstellen. Dafür den Magerquark mit dem Honig und nach Belieben dem Bittermandelaroma cremig rühren. Auf den Kuchen streichen.

Mit frischen Johannisbeeren dekorieren und servieren.

Pistazienkuchen MIT KARDAMOM

Dieser raffinierte Kuchen kommt mit nur 100 g Roggenmehl aus. Er ist so saftig, dass er förmlich im Mund zergeht.

Für 1 Springform (24–26 cm Ø)

Für den Teig

100 g gemahlene gesalzene Pistazien (oder ungesalzene Pistazien, mit 1 Prise Salz vermischt)

200 g gemahlene Mandeln

200 g gemahlene Cashewkerne

1 TL gemahlener Kardamom

abgeriebene Schale von 1 Bio-Zitrone

10 Eier

300 g Birkenzucker (alternativ Rohrohrzucker)

1 Päckchen Backpulver (15 g)

100 g Roggenmehl (Type 997)

25 g geschmolzenes Kokosöl

100 ml Buttermilch

Außerdem

Fett für die Springform

Birkenpuderzucker (pulverisierter Birkenzucker)

Den Backofen auf 160 °C Umluft (180 °C Ober-/Unterhitze) vorheizen. Die Springform einfetten.

Alle Zutaten in einer Schüssel zu einem geschmeidigen Teig verrühren. In die Springform geben und im vorgeheizten Ofen auf der mittleren Schiene 35 bis 40 Minuten backen.

Einen Stäbchentest machen (siehe S. 17), um sicherzugehen, dass der Teig durchgebacken ist.

Den Pistazienkuchen gut auskühlen lassen und vor dem Servieren mit Birkenpuderzucker bestreuen.

Protein-CHEESECAKE

An Eiweiß mangelt es diesem Cheesecake wahrlich nicht: Magerquark, Proteinpulver – und leckere Cashewkerne!

Für 1 Springform (26 cm Ø)

Für den Boden

200 g Cashewkerne

50 ml Reissirup

Für die Cheesecake-Masse

1 kg Magerquark

3 Eier

50 g Proteinpulver Vanillegeschmack

30 g Tapiokastärke (oder klassische Speisestärke)

200 ml Kokosmilch

100 ml Reissirup

Außerdem

Fett für die Springform

Den Backofen auf 170 °C Umluft (190 °C Ober-/Unterhitze) vorheizen. Die Springform einfetten.

Für den Boden die Cashewkerne in einem Standmixer mahlen und den Reissirup untermixen. Die Masse gleichmäßig in der Springform verteilen und festdrücken. (Das funktioniert am besten mit den Händen; befeuchtet sie vorher mit Wasser, damit die Nussmasse nicht daran kleben bleibt.)

Alle Zutaten für die Cheesecake-Masse in einer Schüssel verrühren und gleichmäßig auf dem Boden verteilen.

Den Protein-Cheesecake im vorgeheizten Ofen auf der mittleren Schiene etwa 45 Minuten backen. Bei geöffneter Backofentür im Ofen komplett auskühlen lassen.

Tipp

Für das Protein bevorzuge ich persönlich Whey-Pulver, aber ihr könnt natürlich auch jedes andere verwenden.

Pumpkin PIE

Meine Interpretation des US-Klassikers: Mit dieser Kürbis-Tarte werdet ihr nicht nur auf der Halloween-Party Bewunderung ernten ...

Für 1 Springform (26 cm Ø)

Für den Boden

200 g Walnusskerne

200 g getrocknete Pflaumen

Für die Kürbisfüllung

1 Hokkaidokürbis, geputzt, vom Stil befreit (mindestens 400 g)

200 ml Ahornsirup

300 g leichter Frischkäse

500 g griechischer Joghurt

2 Eier • 100 g Speisestärke

½ TL Zimt

Für die Kokossahne

1 Dose cremige Kokosmilch, über Nacht gekühlt

1–2 EL Vollrohrzucker

Außerdem

1 EL Vollrohrzucker zum Karamellisieren

einige Kürbiskerne für die Deko

etwas Zimt zum Bestreuen

Für das Kürbispüree den Kürbis vierteln und bei 180 °C Umluft (200 °C Ober-/Unterhitze) etwa 40 Minuten weich garen. Herausnehmen, von den Kernen befreien und das Fruchtfleisch samt Schale gut pürieren. (Wenn ihr das Püree nicht gleich weiterverarbeitet, füllt es in Schraubgläser und verschließt es. Gekühlt ist es einige Tage haltbar; es kann auch wunderbar einige Wochen eingefroren werden.)

Falls der Backofen nicht noch heiß ist, für die Kürbistarte auf 160 °C Umluft (180 °C Ober-/Unterhitze) vorheizen.

Für den Boden die Walnüsse und die Pflaumen in einem Standmixer auf hoher Stufe verarbeiten. Die Masse in die Springform geben, gleichmäßig verteilen und festdrücken. (Das funktioniert am besten mit den Händen; befeuchtet sie vorher mit Wasser, damit nichts daran kleben bleibt.)

Nun die Kürbisfüllung zubereiten. Dafür in einer Schüssel 300 g des Kürbispürees mit den übrigen Zutaten verquirlen. Die Kürbismasse auf den Tarteboden gießen und die Tarte im vorgeheizten Ofen auf der mittleren Schiene etwa 1 Stunde backen. Vollständig auskühlen lassen.

Für die Kokossahne die Dose Kokosmilch öffnen, den oberen cremigen und festeren Teil der Kokosmilch mit einem Löffel abnehmen und in eine Schüssel geben. (Die übrige, flüssige Kokosmilch anderweitig verwenden, sie wird nicht benötigt.) Die cremige, feste Kokosmilch mit einem Rührgerät sahnig schlagen. Den Vollrohrzucker langsam einrieseln lassen.

Für die karamellisierten Kürbiskerne den Vollrohrzucker bei geringer Hitze in einer Pfanne schmelzen; die Kürbiskerne dazugeben. Die Kerne im flüssigen Zucker wälzen, die Pfanne vom Herd nehmen und abkühlen lassen.

Die Kokossahne in eine Spritztülle geben und die Tarte damit verzieren. Mit den Kürbiskernen und etwas Zimt bestreuen.

Chunky Apple CAKE

Sehr kompakt und innen unglaublich saftig kommt dieser gehaltvolle Apfelkuchen daher – ich liebe ihn!

Für 1 Kranzform (26–28 cm Ø))

Für den Teig

500 g geschälte und entkernte Äpfel

300 g Dinkel-Vollkornmehl (alternativ Dinkelmehl, Type 630)

170 g leichter Frischkäse

3 Eier

1 Prise Salz

1 gehäufter TL Zimt

170 g Birkenzucker (alternativ Rohrohrzucker)

50 ml Rapsöl (alternativ geschmolzenes Kokosöl)

Außerdem

Fett für die Kranzform

Birkenpuderzucker

Den Backofen auf 180 °C Umluft (200 °C Ober-/Unterhitze) vorheizen. Die Kranzform einfetten.

Die Äpfel fein reiben oder raspeln. In einer Schüssel mit den übrigen Zutaten zu einem glatten Teig verrühren.

Den Rührteig in die Kranzform füllen, in den Ofen schieben und auf der mittleren Schiene etwa 45 Minuten backen.

Den Kuchen komplett auskühlen lassen und dann erst aus der Form nehmen. Vor dem Servieren mit Birkenpuderzucker bestreuen.

Walnuss-
KAROTTEN-KUCHEN

Ich liebe Kuchen, die schmecken, als seien sie nicht komplett durchgebacken – wie diesen hier mit geraspelten Karotten und Apfelmus.

Für 1 kleine Springform
(18–20 cm Ø)

Für den Teig

100 g Walnusskerne

220 g geschälte Karotten

1 gehäufter TL Zimt

130 g Dattelsirup (alternativ Honig)

½ Päckchen Backpulver (8 g)

2 Eier • 140 g Dinkelmehl (Type 630)

100 g Apfelmus

50 g geschmolzenes Kokosöl

1 Msp. gemahlene Vanille

30 g Rohrohrzucker (alternativ Kokosblütenzucker)

Für das Frosting

150 g Magerquark

2–3 TL Honig • 1 Msp. Zimt

Außerdem

Fett für die Springform

ganze Walnusskerne für die Deko

etwas Dattelsirup (alternativ Honig) für die Deko

Zimt zum Bestreuen

Den Backofen auf 170 °C Umluft (190 °C Ober-/Unterhitze) vorheizen. Die Springform einfetten.

Die Walnusskerne in einem Standmixer fein mahlen. Die geschälten Karotten fein raspeln.

Alle Zutaten für den Teig in eine Schüssel geben und zu einem glatten Teig verrühren. In die Springform füllen und im vorgeheizten Ofen auf der mittleren Schiene 80 bis 90 Minuten backen; nach etwa 40 Minuten Backzeit die Springform mit Alufolie abdecken, damit der Kuchen nicht zu dunkel wird.

Den Kuchen aus dem Ofen nehmen. Er ist im heißen Zustand noch nicht fest und muss in der Springform komplett auskühlen.

Inzwischen alle Zutaten für das Frosting miteinander verrühren und auf den Kuchen streichen. Mit Walnusskernen und Dattelsirup verzieren, mit etwas Zimt bestreuen.

Den ausgekühlten Kuchen aus der Form nehmen und anschneiden.

Hinweis

Der Kuchen kommt mit sehr wenig Dinkelmehl aus, muss daher aber recht lange gebacken werden.

Zucchini-KUCHEN

Die Zucchini im Kuchen schmecken nicht nach Gemüse,
sondern machen schlichtweg den Teig schön saftig.

Für 1 Gugelhupfform
(ca. 22 cm Ø)

Für den Teig

350 g Zucchini

3 Eier

1 Päckchen Backpulver (15 g)

200 g gemahlene Mandeln

1 TL Zimt

350 g Dinkelmehl

120 ml Rapsöl (alternativ geschmolzenes Kokosöl)

180 g Rohrohrzucker

Außerdem

Fett für die Gugelhupfform

Birkenpuderzucker zum Bestreuen, nach Belieben

Den Backofen auf 180 °C Umluft (200 °C Ober-/Unterhitze) vorheizen. Die Gugelhupfform einfetten.

Die Zucchini waschen und fein raspeln. In einer Schüssel mit den übrigen Zutaten für den Teig vermengen und glatt rühren.

Den Teig in die Gugelhupfform füllen. Den Zucchinikuchen im vorgeheizten Ofen auf der mittleren Schiene 35 bis 40 Minuten backen. Einen Stäbchentest durchführen (siehe S. 17), um sicherzugehen, dass der Kuchen auch durchgebacken ist.

Wer mag, kann den Zucchinikuchen vor dem Servieren noch mit Birkenpuderzucker bestreuen.

Zwetschgen-TARTE

Diese fruchtige Tarte mit dem raffinierten Mandel-Haferflocken-Boden und dem cremigem Guss ist ein Renner im Herbst!

Für 1 rechteckige Tarteform (ca. 34 x 11 cm)

Für den Boden

20 g geschmolzenes Kokosöl

25 g Mandelmus (alternativ Erdnussmus oder -butter)

200 g gemahlene Mandeln

100 g gemahlene Haferflocken

1 Prise Salz

40 ml Ahornsirup

Für den Belag

500 g Zwetschgen

30 ml Ahornsirup

Für den Guss

½ TL Speisestärke (ca. 5 g)

100 ml Milch • 1 Ei

10 ml Ahornsirup

Außerdem

Fett für die Form

Den Backofen auf 180 °C Umluft (200 °C Ober-/Unterhitze) vorheizen. Die Tarteform einfetten.

Für den Boden zunächst das geschmolzene Kokosöl mit dem Mandelmus verrühren. Alle weiteren Zutaten dazugeben und in einem Standmixer verarbeiten oder in einer Schüssel gut miteinander verrühren. Die Masse in die Tarteform geben, gleichmäßig verteilen und festdrücken.

Für den Belag die Zwetschgen waschen, entsteinen und halbieren. Mit einem Messer die Zwetschgenhälften längs bis etwa zur Hälfte einschneiden und in einer Schüssel mit dem Ahornsirup vermengen. Zwetschge für Zwetschge in die Tarteform schichten.

Für den Guss die Speisestärke in 2 bis 3 Esslöffel Milch anrühren. Mit der übrigen Milch, Ei und Ahornsirup verquirlen. Den Guss gleichmäßig über die Zwetschgen in die Tarteform gießen und die Tarte im vorgeheizten Ofen auf der mittleren Schiene etwa 25 bis 30 Minuten backen.

Gut auskühlen lassen, dann vorsichtig aus der Form lösen.

Klein & fein

Habt ihr auch manchmal Lust auf etwas Süßes zwischendurch – vielleicht, um euch oder euren Kollegen etwas Gutes zu tun? Gesund sollte es sein und zu jeder Uhrzeit schmecken? Dann nehmt euch die Kekse und Küchlein in diesem Kapitel vor und schnabuliert euch durch den Tag.

Apfel-Karotten-
MINIKUCHEN

Diese gesunden Miniküchlein aus Roggen- und Dinkelmehl werden mit etwas Kardamom verfeinert.

Für 1 Muffinblech oder
12 Mini-Backformen

Für die Minikuchen

350 g geschälte Karotten

300 g geschälte und entkernte Äpfel

75 ml Agavendicksaft

1 Päckchen Backpulver (15 g)

¼ TL gemahlener Kardamom

1 großes Ei

50 g Roggenmehl (Type 997)

75 g geschmolzenes Kokosöl

250 g Dinkelmehl (Type 630)

1 gute Prise Salz

60 g Rohrohrzucker

Für das Frosting

250 g Magerquark • 1 Prise Zimt

2–3 EL Agavendicksaft

1–2 EL Milch

Außerdem

Fett für die Förmchen

etwas Zimt zum Bestreuen

Den Backofen auf 170 °C Umluft (190 °C Ober-/Unterhitze) vorheizen. Die Mulden des Muffinblechs oder die Mini-Backformen einfetten.

Die Karotten und die Äpfel fein raspeln. In eine Schüssel geben und mit allen weiteren Zutaten für die Minikuchen zu einem glatten Teig verrühren.

Den Teig auf die Muffinformen oder die Mini-Backformen verteilen; die Formen dabei nur zu zwei Dritteln füllen. In den Ofen schieben und die Minikuchen auf der mittleren Schiene etwa 30 Minuten backen. Die Backzeit kann je nach Backform etwas variieren; deshalb einen Stäbchentest machen (siehe S. 17), um sicherzugehen, dass die Küchlein durchgebacken sind.

Für das Frosting alle Zutaten miteinander verrühren und auf die Küchlein streichen. Zum Schluss mit etwas Zimt bestreuen.

Apfel-Nuss-Schnecken MIT FRISCHKÄSEGUSS

„An apple a day keeps the doctor away ..." – ist das nicht ein Grund, um von diesem köstlichen Hefegebäck zu naschen?

Für 1 Springform (ca. 28 cm Ø)

Für den Hefeteig

100 ml lauwarme Milch

100 ml lauwarmes Wasser

50 g Apfeldicksaft • 1 Würfel Hefe

500 g Dinkelmehl • 1 gute Prise Salz

1 Ei • 50 Apfelmus • 1 Prise Zimt

Für die Füllung

100 g gemahlene Mandeln

100 g gemahlene Haselnüsse

300 g fein geriebener Apfel

50 g Apfeldicksaft

1 Eiweiß • ½ TL Zimt

Für den Guss

150 g leichter Frischkäse

einige Tropfen Bittermandelaroma (alternativ Zimt)

50 ml Milch • 1 EL Apfeldicksaft

Außerdem

Fett für die Springform

Mehl für die Arbeitsfläche

Die Milch mit Wasser und Apfeldicksaft vermischen. Die Hefe hineinbröckeln und etwa 10 Minuten gehen lassen. Anschließend Dinkelmehl, Salz, Ei, Apfelmus und Zimt dazugeben und daraus einen glatten Hefeteig kneten. Einige Minuten gut durchwerkeln. Den Teig abgedeckt an einem warmen Ort etwa 1 Stunde gehen lassen.

Den Teig nochmals kurz kneten und auf einer bemehlten Arbeitsfläche zu einem etwa 50 x 40 cm großen Rechteck ausrollen.

Den Backofen auf 180 °C Umluft (200 °C Ober-/Unterhitze) vorheizen. Die Springform einfetten.

Die Zutaten für die Füllung gut miteinander vermengen und auf der Teigplatte verstreichen.

Die Teigplatte in 15 bis 16 gleich große Streifen schneiden und jeden Streifen einzeln zu einer Schnecke aufrollen. Die Schnecken in die Springform setzen und im vorgeheizten Ofen auf der mittleren Schiene etwa 20 Minuten backen.

Für den Guss alle Zutaten miteinander verquirlen. Auf die etwas abgekühlten Schnecken gießen.

Tipp

Statt Apfeldicksaft könnt ihr auch jedes Mal Agavendicksaft verwenden.

Apple Pie COOKIES

Kernige Kekse mit Haferflocken und getrockneten Apfelringen, die nicht nur in der Arbeit für einen Energieschub zwischendurch sorgen.

Für 26–28 Stück

Für die Kekse

120 g getrocknete Apfelringe

100 g zarte Haferflocken

100 g kernige Haferflocken

1 Päckchen Backpulver (15 g)

1 EL Zimt

1 Prise Salz

2 Eier

je 75 g Apfeldicksaft und Honig (alternativ 150 g Apfeldicksaft oder Honig)

75 g geschmolzenes Kokosöl

100 g Dinkelmehl

150 g Apfelmus

Außerdem

Backpapier für das Backblech

Den Backofen auf 180 °C Umluft (200 °C Ober-/Unterhitze) vorheizen. Ein Backblech mit Backpapier auslegen.

Die Apfelringe in kleine Stückchen schneiden. In einer Schüssel mit allen weiteren Zutaten vermengen und gründlich verrühren.

Von der Masse mit einem Teelöffel kleine Nocken abstechen und diese mit den Händen zu Cookies formen. (Die Hände zuvor mit etwas Wasser anfeuchten, damit der Teig nicht zu sehr an den Fingern klebt.)

Die Cookies auf das Backblech setzen und im vorgeheizten Ofen auf der mittleren Schiene 8 bis 10 Minuten backen. Abkühlen lassen und kühl und trocken lagern oder gleich frisch verzehren.

Banana BLONDIES

Dünne, saftige Bananenschnitten, die mit zuckerfreier Schokolade verfeinert werden: Wer Bananenbrot mag, wird diese Blondies lieben!

Für 1 Springform (24 cm Ø)

Für den Teig

200 g sehr reife Bananen

150 g gemahlene Haferflocken (alternativ 150 g Haferflocken)

60 g cremige Erdnussbutter

1 Prise Salz

½ Päckchen Backpulver (8 g)

1 Ei

140 g Naturjoghurt (mindestens 3,5 % Fett)

50 g Reissirup (alternativ Agavendicksaft)

Außerdem

Fett für die Springform

1 EL zuckerfreie Schokodrops (alternativ gehackte zuckerfreie Schokolade)

Den Backofen auf 180 °C Umluft (200 °C Ober-/Unterhitze) vorheizen. Die Springform einfetten.

Die reifen Bananen mit einer Gabel zerdrücken.

Die gemahlenen Haferflocken gegebenenfalls in einem Standmixer selbst herstellen: Die kernigen oder zarten Haferflocken dafür einige Sekunden auf hoher Stufe mixen, bis eine Art Mehl entstanden ist.

Alle Zutaten für den Teig nun zu einer homogenen Masse verrühren. Den Rührteig in die Springform füllen, die Schokodrops darüberstreuen und die Blondies im vorgeheizten Ofen auf der mittleren Schiene etwa 25 Minuten backen. Entweder frisch und lauwarm genießen oder vollständig auskühlen lassen. In Stücke schneiden und servieren.

Bananenschnecken
MIT FRISCHKÄSEGUSS

Bananenhefeteig mit Bananenfüllung: Mehr Banane geht fast nicht! Ein cremiges Frischkäse-Topping rundet die Sache ab.

Für 1 große ofenfeste Form

Für den Hefeteig

1 Würfel Hefe

200 ml lauwarme Milch

50 ml Agavendicksaft

1 Prise Salz

550 g Dinkelmehl (Type 630)

100 g Banane

1 gute Prise Zimt • 1 Ei

Für die Füllung

300 g sehr reife Banane

½ TL Zimt

200 g leichter Frischkäse

50 ml Agavendicksaft

Für den Guss

100 g leichter Frischkäse

2 EL Agavendicksaft

1 Prise Zimt • 1 EL Milch

Außerdem

Fett für die ofenfeste Form

Mehl für die Arbeitsfläche

Die Hefe in die lauwarme Milch bröckeln. Den Agavendicksaft dazugeben, gut verrühren und die Mischung etwa 10 Minuten gehen lassen.

Salz und Dinkelmehl in einer Schüssel vermischen. Die Hefemilch dazugießen. Die Banane zerdrücken und mit dem Zimt und dem Ei ebenfalls dazugeben. Alles zu einem glatten Hefeteig verkneten und einige Minuten durchwerkeln. (Der Teig sollte nicht mehr kleben. Tut er dies doch, arbeitet noch 1 bis 2 Esslöffel Mehl ein.) Den Teig abgedeckt an einem warmen Ort etwa 1 Stunde gehen lassen.

Den Backofen auf 180 °C Umluft (200 °C Ober-/Unterhitze) vorheizen. Die ofenfeste Form einfetten.

Den Teig nochmals kurz kneten und auf einer bemehlten Fläche zu einem etwa 50 x 40 cm großen Rechteck ausrollen.

Die Banane für die Füllung zerdrücken und mit den übrigen Zutaten verrühren. Die Hälfte der Füllung auf der Teigplatte verteilen und gleichmäßig verstreichen. Nun die Teigplatte quer in etwa 8 bis 9 Streifen schneiden, diese in der Mitte von oben nach unten einmal durchschneiden, sodass man 16 bzw. 18 Streifen hat. Die Teigstreifen einzeln aufrollen und mit der Schnittfläche nach oben in die ofenfeste Form setzen. (Das ist aufgrund der Füllung eine etwas matschige Angelegenheit, aber der Aufwand lohnt sich.)

Die zweite Hälfte der Füllung über den Schnecken in der Form verteilen. Die Bananenschnecken im vorgeheizten Ofen auf der mittleren Schiene 25 bis 30 Minuten goldbraun backen.

Zuletzt alle Zutaten für den Guss glatt rühren und über den gebackenen Schnecken verteilen. Ganz frisch genießen!

Blaubeer-KÜCHLEIN

Ich liebe Blaubeeren – pur, im Müsli und natürlich im Kuchen.
Umso besser, wenn es sich um eine so gesunde Variante handelt!

Für 1 Muffinblech oder
12 Mini-Backformen

Für den Teig

250 g Dinkelmehl (Type 630)

½ Päckchen Backpulver (8 g)

1 Prise Salz

130 g Rohrohrzucker (alternativ Kokosblütenzucker)

100 g geschmolzenes Kokosöl

2 Eier

125 g Blaubeeren

Außerdem

Fett für die kleinen Back- oder Muffinförmchen

Den Backofen auf 180 °C Umluft (200 °C Ober-/Unterhitze) vorheizen. Die Mulden des Muffinblechs oder die Backformen einfetten.

Zunächst in einer Schüssel das Dinkelmehl mit dem Backpulver und dem Salz mischen. Den Rohrohrzucker und das geschmolzene Kokosöl dazugeben. Die Eier unterrühren. Alle Zutaten nun zu einem cremigen Teig verrühren. Zuletzt die Blaubeeren unterheben.

Den Teig in die Back- oder Muffinförmchen füllen. Die Küchlein im vorgeheizten Ofen auf der mittleren Schiene 15 bis 20 Minuten backen.

Tipp

Statt der Blaubeeren schmecken auch Brombeeren oder Himbeeren sehr fein.

Cheesecake Cups
MIT BAISER

Appetitliche kleine Leckerbissen aus nussigem Buchweizenmehl – der Vollrohrzucker verleiht der Quarkfüllung eine karamellige Note.

Für 1–2 Mini-Muffinbleche; ergibt etwa 20 Stück

Für den Teig

280 g Buchweizenmehl (alternativ Dinkelmehl, Type 630)

1 Päckchen Backpulver (15 g)

1 Prise Salz

80 g Vollrohrzucker (alternativ Rohrohrzucker)

140 g Magerquark

60 ml Rapsöl • 60 ml Milch

20 g Süßlupinenmehl

Für die Füllung

400 g Magerquark

100 g Vollrohrzucker

1 EL Speisestärke • 1 Ei

Für das Baiser

3 Eiweiß • 1 Prise Salz

3 EL Rohrohrzucker

Außerdem

Fett für das Mini-Muffinblech

Mehl für die Arbeitsfläche

Die Zutaten für den Teig vermengen und gut verkneten. (Der Teig klebt ein wenig, das ist in Ordnung.) In Folie einwickeln und über Nacht – mindestens aber 2 Stunden – in den Kühlschrank legen.

Am nächsten Tag den Backofen auf 170 °C Umluft (190 °C Ober-/Unterhitze) vorheizen. Die Mulden der Mini-Muffinbleche einfetten.

Den Teig nochmal kurz durchkneten. (Er sollte nun nicht mehr so sehr kleben; tut er dies doch, einfach noch ein klitzekleines bisschen Mehl dazugeben.) Auf einer bemehlten Fläche ausrollen und etwa 20 kleine Kreise mit einem Durchmesser von etwa 8 cm ausstechen. Dafür einen entsprechenden Ausstecher oder einfach ein Glas benutzen. Die Kreise in die Mulden der Muffinbleche legen.

Für die Füllung alle Zutaten miteinander verquirlen. Von der cremigen Masse nun je 1 gehäuften Esslöffel in die Teigmulden geben und die Cups im vorgeheizten Ofen auf der mittleren Schiene etwa 20 Minuten backen. Auskühlen lassen.

Das Eiweiß für das Baiser mit dem Salz steif schlagen und den Rohrohrzucker langsam einrieseln lassen. Einige Minuten schlagen, bis sich der Zucker aufgelöst hat und das Eiweiß schön glänzt und fest ist. Das Eiweiß in einen Spritzbeutel mit Sterntülle füllen und auf die Cheesecake Cups spritzen. Nun das Eiweiß mit einem Flambierer bräunen oder die Cups nochmals 3–5 Minuten in den Ofen stellen, bis das Baiser eine schöne Farbe angenommen hat. (Am besten funktioniert das mit Oberhitze bei 190 °C oder mit Grillfunktion, aber natürlich auch bei 170 °C Umluft oder 190 °C Ober-/Unterhitze.) Vorsicht: Das Bräunen kann manchmal sehr schnell gehen, deshalb am besten die Cups nicht aus den Augen lassen!

Erdnussbutter-BANANEN-KEKSE

Diese hübschen kleinen Kekse aus Haferflockenmehl schmecken übrigens auch als Weihnachtsplätzchen wunderbar!

Für 30–35 Kekse

Für die Kekse

250 g Haferflocken

320 g sehr reife Bananen (etwa 3 Bananen)

150 g cremige Erdnussbutter

2 große Eier

1 Prise Salz

1 Päckchen Backpulver (15 g)

75 g geschmolzenes Kokosöl

100 g gemahlene Mandeln

80 ml Ahornsirup

Außerdem

Backpapier für das Backblech

Den Backofen auf 180 °C Umluft (200 °C Ober-/Unterhitze) vorheizen. Ein Backblech mit Backpapier auslegen.

Die Haferflocken in einem Standmixer fein mahlen, damit eine Art Hafermehl entsteht.

Die reifen Bananen mit einer Gabel in einer Schüssel zerdrücken. Alle anderen Zutaten dazugeben und gut verrühren. Aus der Teigmasse mit einem Teelöffel 30 bis 35 kleine Portionen abstechen und diese auf das Backblech setzen.

Die Kekse im vorgeheizten Ofen auf der mittleren Schiene etwa 10 Minuten backen.

Tipp

Nur mit sehr reifen Bananen werden die Kekse süß genug. Alternativ gebt 1–2 TL Vollrohrzucker oder Kokosblütenzucker dazu.

Erdnuss-KEKSE

Diese Kekse sind für Erdnuss-Fans der Himmel auf Erden! Gesüßt werden sie nur mit etwas Fruchtsirup und Apfelmus.

Für etwa 30 Stück

Für den Teig

200 g gesalzene Erdnüsse

100 g Erdnussbutter

150 g Traubensirup (alternativ Dattelsirup)

1 Eiweiß

100 g Apfelmus

300 g gemahlene Haferflocken (alternativ 300 g Haferflocken)

Außerdem

Backpapier für das Backblech

Den Backofen auf 180 °C Umluft (200 °C Ober-/Unterhitze) vorheizen. Ein Backblech mit Backpapier auslegen.

Die Erdnüsse in einem Standmixer grob mahlen. Alle Zutaten in einer Schüssel miteinander vermengen und zu einem gleichmäßigen Teig verarbeiten. (Die gemahlenen Haferflocken gegebenenfalls selbst herstellen, indem man kernige oder zarte Haferflocken in einem Standmixer fein mahlt, sodass eine Art Mehl entsteht.)

Aus der Teigmasse mit einem Teelöffel etwa 30 kleine Portionen abstechen und mit den Händen zu Kugeln formen. (Am besten die Hände zuvor mit Wasser befeuchten, damit der Teig nicht so sehr an den Fingern klebt.) Die Kugeln auf das Backblech setzen und platt drücken.

Die Erdnusskekse im vorgeheizten Ofen auf der mittleren Schiene etwa 10 Minuten backen. Gut auskühlen lassen.

Früchte-
BROT

Diese saftige Energiebombe ist gekühlt viele Tage – wenn nicht sogar Wochen – haltbar.

Für 2 Backbleche;
ergibt 6 kleine Laibe

Für das Früchtebrot

350 g entkernte Äpfel

250 g getrocknete Feigen

250 g getrocknete Datteln

120 g Dinkelmehl (Type 630)

½ Päckchen Backpulver (8 g)

abgeriebene Schale von 1 Bio-Zitrone

200 g ganze Mandeln

100 g getrocknete Cranberrys (alternativ Rosinen oder getrocknete Kirschen)

50 ml Ahornsirup

1 TL Zimt

1 TL Kardamom

1 Eiweiß

1 Prise Salz

Außerdem

Backpapier für die Backbleche

Den Backofen auf 160 °C Umluft (180 °C Ober-/Unterhitze) vorheizen. Die Backbleche mit Backpapier auslegen.

Die entkernten Äpfel fein raspeln oder klein schreddern. Die getrockneten Feigen und Datteln in kleine Stücke schneiden oder grob schreddern.

Apfelraspel, Feigen und Datteln in eine Schüssel geben. Mit dem Dinkelmehl, dem Backpulver, dem Zitronenabrieb, den Mandeln, den Cranberrys, dem Ahornsirup, dem Zimt und dem Kardamom mischen. Alles gründlich miteinander vermengen.

Das Eiweiß mit der Prise Salz steif schlagen und unter die Früchtemasse heben, sodass eine klebrige, grobe Masse entsteht. Daraus 6 kleine Laibe formen (jeder entspricht einer guten Handvoll Früchtemasse). Am besten funktioniert das mit den Händen; befeuchtet sie zuvor mit Wasser, damit nicht so viel Teig daran hängen bleibt.

Die kleinen Laibe auf die Backbleche legen und im vorgeheizten Ofen auf der mittleren Schiene etwa 40 Minuten backen. Herausnehmen und gut auskühlen lassen. An einem kühlen, trockenen Ort aufbewahren.

Kokos-Mandel-
KEKSE

Diese nussigen kleinen Leckerbissen kann man wunderbar jederzeit zwischendurch knabbern.

Für 2–3 Backbleche;
ergibt etwa 20 Stück

Für den Teig

100 g Dinkelmehl (Type 630)
100 g gemahlene Mandeln
½ Päckchen Backpulver (8 g)
100 ml Agavendicksaft
80 ml geschmolzenes Kokosöl
etwas Vanillearoma

Außerdem

Backpapier für die Backbleche

Den Backofen auf 170 °C Umluft (190 °C Ober-/Unterhitze) vorheizen. Die Backbleche mit Backpapier auslegen.

Alle Zutaten in einer Schüssel miteinander vermengen und zu einem homogenen Teig verarbeiten. (Der Keksteig wird sehr weich und klebrig, das ist aber in Ordnung.)

Aus der Teigmasse mit einem Teelöffel etwa 20 Portionen abstechen und auf das Backblech setzen. Vorsicht: Der Teig verläuft beim Backen, und die Kekse werden recht groß. Daher die einzelnen Portionen nicht zu eng aneinandersetzen, sondern den Teig lieber großzügig auf zwei oder sogar drei Backbleche verteilen.

Die Kokos-Mandel-Kekse im vorgeheizten Ofen auf der mittleren Schiene 12 bis 14 Minuten backen und auf dem Blech gut auskühlen lassen. (Nach dem Backen sind die Kekse noch ganz weich. Sie werden fest, sobald sie komplett ausgekühlt sind.)

Nuss-Apfel-KÜCHLEIN

Nüsse sind kleine Kraftpakete, randvoll mit wichtigen Nährstoffen. Mit den Äpfeln und dem Zimt schmecken sie zudem ausgezeichnet!

Für 1 Muffinblech oder
12 Mini-Backformen

Für die Küchlein

140 g gemahlene Mandeln

60 g gemahlene Haselnüsse

1 Msp. Zimt (nach Geschmack auch etwas mehr)

4 Eier

100 g Rohrohrzucker

200 g geriebener Apfel

Für die Schokosauce

2 EL Kakaopulver

2 EL geschmolzenes Kokosöl

2 EL Agavendicksaft

Außerdem

Fett für das Muffinblech oder die Backformen

Den Backofen auf 180 °C Umluft (200 °C Ober-/Unterhitze) vorheizen. Die Mulden des Muffinblechs oder die Backformen einfetten.

Die Mandeln mit den Haselnüssen und dem Zimt vermischen.

Die Eier trennen und das Eiweiß steif schlagen. Dabei nach und nach den Rohrohrzucker einrieseln lassen. Die Nüsse unterheben.

Die Eigelbe verrühren und unter die Eischnee-Nuss-Mischung rühren. Zum Schluss den geriebenen Apfel unterheben. Den Teig in die Backformen geben; diese nur zu zwei Drittel befüllen.

Die Nuss-Apfel-Küchlein im vorgeheizten Ofen auf der mittleren Schiene 20 bis 25 Minuten backen (die Backzeit variiert je nach Backform). Einen Stäbchentest machen (siehe S. 17), um sicherzugehen, dass die Küchlein durchgebacken sind. Herausnehmen und abkühlen lassen.

Für die Schokosauce alle Zutaten miteinander gründlich verrühren. Die Sauce über die ausgekühlten Küchlein gießen.

Panforte
À LA MARA

Ein italienisches Weihnachtsgebäck aus der Toskana, neu interpretiert. Es schmeckt zu jeder Jahreszeit – versprochen!

Für 1 Springform (ca. 28 cm Ø)

Für das Panforte

150 g Cashewkerne

150 g Walnusskerne

250 g getrocknete Pflaumen (oder Zwetschgen)

100 g getrocknete Datteln

80 g Buchweizenmehl

½ TL Zimt

etwas Orangenaroma, nach Belieben

140 g Dattelsirup (alternativ Honig)

100 g Vollrohrzucker (oder Muscovadozucker)

Außerdem

Backpapier für die Springform

Buchweizenmehl zum Bestreuen

Den Backofen auf 150 °C Umluft (170 °C Ober-/Unterhitze) vorheizen. Die Springform mit Backpapier auslegen.

Von den Cashewkernen und den Walnüssen je 100 g klein hacken. Die übrigen Nüsse ganz lassen.

Die Pflaumen und die Datteln sehr klein schneiden oder in einem Standmixer kurz auf hoher Stufe verarbeiten. Mit den gehackten und den ganzen Cashewkernen und Walnüssen vermengen. Buchweizenmehl, Zimt und gegebenenfalls Orangenaroma dazugeben.

Den Dattelsirup mit dem Vollrohrzucker in einem Topf unter Rühren erwärmen; dabei kurz aufkochen, damit sich der Zucker auflöst. Zu dem Nuss-Frucht-Gemisch gießen und alles gut vermengen.

Die Masse in die Springform geben, verteilen und platt drücken. (Am besten geht das mit den Händen; befeuchtet sie vorher mit Wasser, damit die Masse nicht zur sehr an den Fingern klebt.)

Das Panforte im vorgeheizten Ofen auf der mittleren Schiene etwa 40 Minuten backen. Auskühlen lassen und mit Buchweizenmehl bestäuben. Wenn ihr es an einem kühlen, trockenen Ort aufbewahrt, ist es viele Tage haltbar.

Red Bean BROWNIES

Eine nicht allzu süße Brownie-Version, die mit roten Kidneybohnen gemacht wird. Die schmeckt man nicht heraus, sie unterstützen nur die Konsistenz des Teigs.

Für 1 eckige Backform (ca. 23 x 23 cm)

Für den Teig

250 g Kidneybohnen (aus der Dose)

50 g zuckerfreie Zartbitterschokolade

30 g Kakaopulver

40 g zarte Haferflocken

1 Prise Salz

100 g Agavendicksaft

50 g Apfeldicksaft (alternativ Agavendicksaft)

10 g Backpulver • 1 Ei

25 g geschmolzenes Kokosöl

Für das Frosting

250 g Magerquark

1 EL Kakaopulver

1 EL Agavendicksaft (alternativ Apfeldicksaft)

1 EL Milch

Außerdem

Backpapier für das Backblech

Den Backofen auf 180 °C Umluft (200 °C Ober-/Unterhitze) vorheizen. Die Backform mit Backpapier auslegen.

Die Kidneybohnen gut abwaschen, komplett abtropfen lassen und pürieren. Die Schokolade klein hacken und im Wasserbad oder in der Mikrowelle bei geringer Wattzahl schmelzen.

Alle Zutaten für den Teig in einem Standmixer verarbeiten. (Wer keinen Standmixer besitzt, kann die Zutaten auch einfach mit einem Handrührgerät mixen; dann haben die Brownies später eine etwas grobere Konsistenz, weil die Haferflocken nicht zerkleinert werden.)

Den Teig in die Backform geben und im vorgeheizten Ofen auf der mittleren Schiene gut 15 Minuten backen. Am besten einen Stäbchentest machen (siehe S. 17), um sicherzugehen, dass der Teig durchgebacken ist. Vorsicht: Die Brownies sollten auf keinen Fall länger als nötig im Ofen bleiben, sonst werden sie zu trocken! Auskühlen lassen.

Für das Frosting alle Zutaten miteinander glatt rühren und auf den Brownies verstreichen. Gleich servieren oder einen Tag durchziehen lassen – dann schmecken sie am besten!

Tipp

Wer süßere Brownies liebt, sollte zusätzlich noch 2–3 EL Rohrohrzucker oder Kokosblütenzucker in den Teig geben.

Schoko-Haselnuss-KEKSE

Knusprige Kekse, die reichhaltig schokoladig schmecken und mit einem Happs im Mund verschwinden.

Für 22–24 Stück

Für den Keksteig

100 g Dinkelmehl (Type 630)

100 g gemahlene Haselnüsse

½ Päckchen Backpulver (8 g)

50 g Kakaopulver

etwas Vanillearoma

100 ml Agavendicksaft (alternativ Apfeldicksaft)

80–100 ml geschmolzenes Kokosöl

Für den Schokoguss

2 EL Kakaopulver

2 El Agavendicksaft

2 EL geschmolzenes Kokosöl

Außerdem

Backpapier für das Backblech

Den Backofen auf 170 °C Umluft (190 °C Ober-/Unterhitze) vorheizen. Ein Backblech mit Backpapier auslegen.

In einer Schüssel das Dinkelmehl mit den Haselnüssen, dem Backpulver und dem Kakaopulver vermischen. Das Vanillearoma, den Agavendicksaft und zunächst 80 ml vom geschmolzenen Kokosöl dazugeben. Alles zu einem geschmeidigen Teig verkneten. Solange er noch etwas bröselig ist, nach und nach mehr Kokosöl unterkneten, bis ein weicher und formbarer Keksteig entstanden ist.

Von dem Teig mit einem Teelöffel 22 bis 24 kleine Portionen abstechen und in den Händen zu Kugeln formen. Die Hände vorher am besten mit Wasser befeuchten, damit der Teig nicht daran kleben bleibt.

Die Kugeln auf das Backblech legen und mit einer Gabel platt drücken. Im Ofen auf der mittleren Schiene 12 bis 15 Minuten backen.

Für den Schokoguss alle Zutaten miteinander verrühren und über den Keksen verteilen.

No bake

Spontane Gelüste auf einen Kuchen – aber kein Backofen ist in der Nähe, oder ihr habt schlicht keine Lust, euren anzuwerfen. Kommt euch das bekannt vor? Dann findet ihr hier das Richtige: meine No-Bake-Kuchen und -Teilchen, die allesamt ohne Hitze auskommen und oftmals ratzfatz gemacht sind.

Bananen-Cashew-TÖRTCHEN

Eine Creme aus eingeweichten Cashewkernen und reifer Banane?
Klingt komisch, schmeckt aber sensationell!

Für 1 kleine Springform
(18 cm Ø)

Für den Boden

70 g getrocknete Pflaumen

40 g gemahlene Mandeln

1 EL geschmolzenes Kokosöl

30 g Cashewkerne

Für die Bananenmasse

200 g Cashewkerne, über Nacht in Wasser eingeweicht und abgetropft

80 ml geschmolzenes Kokosöl

80 ml Agavendicksaft

1 reife Banane

¼ TL Zimt

½ TL Macapulver, nach Belieben

Außerdem

etwas Kokosfett für die Springform

1 Banane für die Deko

1 Handvoll ganze Mandeln für die Deko

Eine kleine Springform mit Kokosfett einreiben.

Für den Boden die Zutaten in einem Standmixer zu einer gleichmäßigen Masse verarbeiten. In der Springform verteilen und festdrücken.

Für die Bananenmasse alle Zutaten in einem Standmixer zu einer homogenen, cremigen Masse verarbeiten. (Nicht ungeduldig werden, das dauert etwas.) Die Creme auf dem Törtchenboden gleichmäßig verstreichen und den Kuchen mindestens über Nacht (am besten 24 Stunden) in den Kühlschrank stellen, damit die Masse fest werden kann.

Am nächsten Tag zuerst den Rand des Törtchens mit einem Messer von der Springform trennen, dann das Törtchen vorsichtig aus der Form lösen.

Für die Deko die Banane in Scheiben schneiden und in der Mitte des Törtchens dekorativ anordnen. Aus den Mandeln einen Rand legen. Das Törtchen gekühlt servieren.

Tipp

Dieses Törtchen solltet ihr frühzeitig planen: Vom Einweichen der Cashews bis zum Festwerden der Masse vergehen 2 Tage.

Blaubeer-
TORTE

Dieser leichte Sommerkuchen macht nicht nur wegen seiner Farbe Eindruck, sondern auch wegen seiner unwiderstehlichen Aromen.

Für 1 Springform (24–26 cm Ø)

Für den Boden

100 g Mandeln

180 g getrocknete Datteln

25 g Kokosraspel

25 g geschmolzenes Kokosöl

Für die Füllung

700 g griechischer Joghurt

200 g Frischkäse

80 ml Agavendicksaft

80 ml Dattelsirup (alternativ nochmals Agavendicksaft)

400 ml cremige Kokosmilch

12 Blatt Gelatine

150 g Blaubeeren

einige Brombeeren für die Farbe, nach Belieben

Für die Deko

etwa 50 g frische Blaubeeren

Die Mandeln mit den Datteln, den Kokosraspeln und dem geschmolzenen Kokosöl in einem Standmixer auf hoher Stufe verarbeiten. Die Masse in die Springform geben, gleichmäßig verteilen und platt drücken.

Für die Füllung den Joghurt mit dem Frischkäse, dem Agavendicksaft, dem Dattelsirup und der Kokosmilch verrühren.

Die Gelatine in kaltem Wasser einweichen. In einem Topf auf niedriger Stufe 2 Esslöffel von der Joghurtmasse mit der ausgedrückten Gelatine erwärmen, bis sie sich verflüssigt. Vorsicht: Die Mischung darf keinesfalls kochen, sonst wird der Kuchen nachher nicht fest; zudem kann der Joghurt gerinnen. Wenn die Gelatine flüssig ist, sofort den Topf vom Herd nehmen und nach und nach 3 bis 4 Esslöffel der Joghurtmasse unterrühren. Schließlich die Gelatine in die gesamte Joghurtmasse einrühren.

Die Joghurtmasse halbieren und in zwei separate Schüsseln füllen. Die Blaubeeren (und gegebenenfalls die Brombeeren) pürieren und in eine der beiden Schüsseln mit einrühren.

Beide Massen abwechselnd in die Springform füllen, damit ein Marmormuster entsteht. Bei Bedarf mit einer Gabel marmorieren. Die Blaubeertorte über Nacht im Kühlschrank fest werden lassen. Vor dem Servieren mit den frischen Blaubeeren dekorieren.

Tipp

Mischt man einige Brombeeren in die Füllung oder ersetzt die Blaubeeren durch Brombeeren, wird der Kuchen intensiver blau.

Brombeertörtchen
MIT SCHOKOBODEN

Für dieses beerige Törtchen mit seinem raffiniert schokoladigen Mandelboden ist auch nach einem üppigeren Essen noch Platz!

Für 1 kleine Springform
(ca. 20 cm Ø)

Für den Boden

150 g gemahlene Mandeln

50 g Kakaopulver

30 g geschmolzenes Kokosöl

50 g Agavendicksaft

Für die Füllung

250 g Brombeeren

100 g Rohrohrzucker

60 g Birkenzucker (alternativ nochmals Rohrohrzucker)

8 Blatt Gelatine

500 g Magerquark

Für die Deko

einige Kakaonibs

frische Brombeeren

einige ganze Mandeln

Die Zutaten für den Boden in einem Standmixer auf hoher Stufe verarbeiten. Die Masse in die Springform geben, gleichmäßig verteilen und platt drücken.

Für die Füllung zunächst die Brombeeren mit dem Rohrohrzucker und dem Birkenzucker pürieren.

Die Gelatine in kaltem Wasser einweichen. 3 Esslöffel vom Brombeerpüree in einem Topf leicht erwärmen, die ausgedrückte Gelatine dazugeben und unter Rühren auflösen. Vorsicht: Die Gelatine darf dabei keinesfalls kochen, sonst wird der Kuchen nachher nicht fest.

Sobald die Gelatine aufgelöst ist, den Topf vom Herd nehmen und 2 weitere Esslöffel vom Brombeerpüree unterrühren. Schließlich das gesamte Püree sowie den Quark dazugeben und alles gründlich verrühren.

Die Quarkmasse gleichmäßig auf dem Kuchenboden verteilen und das Törtchen über Nacht in den Kühlschrank stellen.

Vor dem Servieren mit den Kakaonibs, den frischen Brombeeren und den Mandeln dekorieren.

Buttermilch-MOUSSE-TÖRTCHEN

Luftig wie eine Wolke kommt dieses wunderschön verzierte Törtchen daher. Serviert es als sommerlichen Kuchen oder als leichtes Dessert.

Für 1 kleine Springform (ca. 20 cm Ø)

Für den Boden

150 g Cashewkerne

150 g getrocknete Datteln

2 EL geschmolzenes Kokosöl

Für die Buttermilch-Mousse

8 Blatt Gelatine

Saft von 1 Zitrone

700 ml Buttermilch

100 ml Agavendicksaft

4 Eiweiß

Für die Deko

einige Kakaonibs

½ TL Himbeerpulver

einige Cashewkerne

essbare Blüten

Für den Boden alle Zutaten in einem Standmixer verarbeiten. Die Masse in einer Springform gleichmäßig verteilen und festdrücken. (Das funktioniert am besten mit den Händen; befeuchtet sie vorher mit Wasser, damit nichts daran kleben bleibt.)

Die Gelatine in kaltem Wasser einweichen. Den Zitronensaft in einem Topf auf niedriger Stufe leicht erwärmen; er darf nicht kochen! Die Gelatine ausdrücken, zum Zitronensaft geben und unter Rühren auflösen. Wenn die Gelatine flüssig ist, den Topf sofort vom Herd nehmen.

Die Buttermilch mit dem Agavendicksaft verrühren, 2 Esslöffel davon in die Gelatine einrühren. Anschließend die gesamte Buttemilchmischung zur Gelatine geben und gut durchrühren. Beiseitestellen und einige Minuten stehen lassen.

Nun das Eiweiß steif schlagen und vorsichtig unter die Buttermilchmischung heben, bis eine homogene luftige Masse entstanden ist.

Die Buttermilchmasse auf den Boden gießen und das Törtchen über Nacht im Kühlschrank fest werden lassen.

Am nächsten Tag mit einem Messer den Rand des Törtchens von der Form lösen und das Törtchen herausnehmen. Mit Kakaonibs und Himbeerpulver den Rand hübsch verzieren, die Cashewkerne und die Blüten gleichmäßig darauf verteilen.

Schokoladen-FUDGE

Leckeres Konfekt, das schokoladig schmeckt und supergesund ist. Mit Haferflocken, Proteinpulver und Erdnussmus kommt ihr gut durch den Tag.

Für 1 eckige Backform (ca. 20 x 14 cm)

Für das Fudge

65 g fein gemahlene Haferflocken (alternativ 65 g Haferflocken)

65 g Proteinpulver Vanille- oder Schokogeschmack (z. B. Whey-Proteinpulver)

65 g Kakaopulver

65 g Erdnussmus (alternativ Erdnussbutter)

65 g Agavendicksaft

65 g geschmolzenes Kokosöl

65 g Milch

Außerdem

Backpapier für die Backform

Die fein gemahlenen Haferflocken gegebenenfalls in einem Standmixer aus zarten oder auch kernigen Haferflocken selbst herstellen: Dafür die Haferflocken einfach einige Sekunden auf hoher Stufe zerkleinern, bis eine Art Mehl entstanden ist.

Für das Fudge alle Zutaten in einem Standmixer gründlich zu einer homogenen, klebrigen Masse verarbeiten.

Die Backform mit Backpapier auslegen. Die Fudge-Masse hineingeben, mit den Händen gleichmäßig verteilen und platt drücken. (Die Hände am besten vorher mit Wasser befeuchten, damit nichts daran kleben bleibt.)

Das Schokoladen-Fudge über Nacht in den Kühlschrank stellen. Am nächsten Tag in Quadrate schneiden und an einem kühlen Ort aufbewahren – oder sofort genießen.

Dattel-KUGELN

Diese köstlichen und gesunden Bällchen sehen hübsch aus, sind schnell gemacht und noch schneller gefuttert. Absolute Suchtgefahr!

Für etwa 60 Stück

Für die Kugeln

100 g gehackte Walnusskerne

250 g getrocknete Datteln

200 getrocknete Soft-Feigen (alternativ getrocknete Pflaumen)

je 50 g getrocknete Cranberrys und getrocknete Berberitzen (alternativ 100 g getrocknete Cranberrys oder Berberitzen)

100 g gehackte Mandeln

20 g Süßlupinenmehl (nach Belieben)

Außerdem

je 50 g Kakaopulver und Kokosraspel (alternativ auch gemahlene Nüsse)

Alle Zutaten für die Kugeln in einem Standmixer zu einer klebrigen Masse verarbeiten. Daraus mit einem Teelöffel kleine Portionen abstechen, diese mit den Händen zu Kugeln formen. (Die Hände am besten vorher mit Wasser befeuchten, damit die Masse nicht allzu sehr daran kleben bleibt.) Zum Schluss eine Hälfte der Dattelkugeln im Kakaopulver, die andere Hälfte in den Kokosraspeln wälzen.

Kühl und verschlossen gelagert, halten sich die Kugeln viele Tage bis hin zu einigen Wochen.

Hinweis

Süßlupinenmehl ist ein hochwertiger Eiweißlieferant und kann auch in gesunde Shakes gemixt werden.

Energie-RIEGEL

Energieriegel kennt jeder. Dass man sie ganz einfach selbst herstellen kann und dass sie dann sogar noch viel gesünder sind, ist den wenigsten bewusst.

Für 12–14 Stück

Für die Riegel

300 g zarte Haferflocken

100 g Apfelmus

100 g gemahlene Mandeln

100 g getrocknete Datteln

100 g Proteinpulver Vanillegeschmack

30 g Mandelmus

1 Prise Salz

1 reife Banane (ca. 100 g)

Außerdem

100 g gemahlene Mandeln für die Arbeitsfläche und zum Wälzen

Die Haferflocken in einem Standmixer zu Mehl mahlen; wenn ihr es gern kernig mögt, darf das Hafermehl auch etwas grober sein.

Die gemahlenen Haferflocken mit allen weiteren Zutaten für die Riegel in einem Standmixer zu einer klebrigen Masse verarbeiten. Die Arbeitsfläche mit gemahlenen Mandeln bestreuen, die Masse darauf zu einem riegeldicken Rechteck ausrollen. In 12 bis 14 Riegel schneiden und diese in den auf der Arbeitsfläche übrigen Mandeln wälzen.

Kühl und trocken lagern.

Tipp

Je nach Geschmack könnt ihr natürlich die Sorten der Nüsse und der Trockenfrüchte variieren.

Erdbeer-Joghurt-
CHEESECAKE

Dieser leichte Cheesecake ist der Renner auf jeder Gartenparty – die frischen Erdbeeren schmecken nach Sommer!

Für 1 Springform (26–28 cm Ø)

Für den Boden

100 g Cashewkerne

250 g getrocknete Datteln

1 Prise Salz

Für die Füllung

500 g Naturjoghurt

300 g leichter Frischkäse

600 g Erdbeeren

200 g Kokosblütenzucker (alternativ Rohrohrzucker)

12 Blatt Gelatine

Außerdem

200 g frische Erdbeeren für die Deko

Für den Boden die Cashewkerne mit den Datteln und dem Salz in einen Standmixer geben. Zu einer klebrigen Masse verarbeiten, gleichmäßig in der Springform verteilen und festdrücken.

Für die Füllung den Naturjoghurt in einer Schüssel mit dem Frischkäse verrühren. 300 g der Erdbeeren mit dem Kokosblütenzucker pürieren und zur Naturjoghurt-Creme geben.

Die Gelatine in kaltem Wasser einweichen. Anschließend leicht ausdrücken und auf niedriger Stufe in einem Topf erwärmen, bis sie sich verflüssigt. Vorsicht: Die Gelatine darf nicht kochen, sonst wird die Creme nachher nicht fest. Sobald die Gelatine flüssig ist, den Topf vom Herd nehmen und 1 Esslöffel der Joghurt-Erdbeer-Creme unterruhren, dann 1 weiteren Esslöffel einrühren. Diese Mischung schließlich zur restlichen Joghurt-Erdbeer-Creme geben und alles gut durchquirlen.

Die übrigen 300 g Erdbeeren in kleine Stücke schneiden, diese gleichmäßig auf dem Kuchenboden verteilen. Die Joghurt-Erdbeer-Creme darübergeben und glatt streichen. Den Cheesecake über Nacht im Kühlschrank fest werden lassen.

Am nächsten Tag zuerst den Rand mit einem Messer von der Springform trennen, dann den Kuchen vorsichtig aus der Form nehmen.

Vor dem Servieren die Hälfte der frischen Erdbeeren klein schneiden und den Kuchen damit dekorieren. Die übrigen Erdbeeren pürieren und über den Kuchen gießen.

Erdbeer-Kokosmilch-TARTELETTES

Raffinierte Erdbeertörtchen mit einem Hauch von Karibik: Damit sorgt ihr bei euren Freunden für Urlaubsfeeling!

Für 4–6 Tartelette-Förmchen

Für den Boden

100 g Cashewkerne

100 g Kokosraspel

200 g getrocknete Datteln

2 EL geschmolzenes Kokosöl

Für die Füllung

300 g Erdbeeren

15 g Kokosblütenzucker (alternativ Rohrohrzucker)

60 g Agavendicksaft

150 g Naturjoghurt

2 TL Johannisbrotkernmehl

1 Dose Kokosmilch, über Nacht gekühlt

Außerdem

Fett für die Tartelette-Förmchen

300 g frische Erdbeeren

Kokoschips für die Deko

Die Tartelette-Förmchen einfetten.

Für den Boden alle Zutaten in einen Standmixer geben und zu einer klebrigen Masse verarbeiten. Auf die Tartelette-Förmchen verteilen und festdrücken. (Das funktioniert am besten mit den Händen; befeuchtet sie vorher mit Wasser, damit nichts daran kleben bleibt.) Die Förmchen kalt stellen.

Für die Füllung die Erdbeeren waschen und mit dem Kokosblütenzucker und dem Agavendicksaft pürieren. Den Naturjoghurt unterrühren. Das Johannisbrotkernmehl dazugeben und alles verquirlen. Die Masse 10 Minuten quellen lassen.

Die Dose Kokosmilch öffnen und von der festeren Kokosmilchmasse, die sich durch die Kühlung oben an der Dose abgesetzt hat, mit dem Löffel 150 g abnehmen. Steif schlagen und unter die Erdbeer-Joghurt-Creme heben. (Den übrigen Doseninhalt anderweitig verwenden.)

Die Füllung auf die Tartelette-Böden verteilen und glatt streichen, mit frischen Erdbeeren und Kokoschips dekorieren. Die Erdbeer-Kokosmilch-Tartelettes gekühlt servieren.

Tipp

Wenn ihr Tartelette-Förmchen aus Silikon benutzt, könnt ihr euch das Einfetten sparen.

Himbeer-QUARK-KUCHEN

Der Reiz dieses raffinierten Sommerkuchens liegt im Kontrast zwischen dem cremigen Quark und den süßsäuerlichen Himbeeren.

Für 1 kleine Springform (ca. 20 cm Ø)

Für den Boden

140 g getrocknete Pflaumen

80 g gemahlene Mandeln

2 EL geschmolzenes Kokosöl

Für die Himbeer-Quark-Masse

500 g Magerquark

200 g leichter Frischkäse

80 g Kokosblütenzucker

7 Blatt Gelatine

300 g Himbeeren

Außerdem

frische Himbeeren für die Deko

getrocknete Kornblumen für die Deko, nach Belieben

Für den Boden die Pflaumen mit den Mandeln und dem geschmolzenen Kokosöl in einem Standmixer zu einer homogenen Masse verarbeiten. In die Springform geben, gleichmäßig verteilen und festdrücken.

Für die Himbeer-Quark-Masse den Magerquark mit dem Frischkäse und dem Kokosblütenzucker verrühren.

Die Gelatine in kaltem Wasser einweichen.

200 g von den Himbeeren pürieren und durch ein Sieb passieren. 50 g vom Püree in einem Topf leicht erwärmen und die ausgedrückte Gelatine darin auflösen. Vorsicht: Die Gelatine darf nicht kochen! Vom Herd nehmen und 3 weitere Esslöffel vom Püree unterrühren; zuletzt das gesamte Himbeerpüree dazugeben.

Das Püree zur Quarkmischung geben und gut verrühren. Schließlich die übrigen Himbeeren unterheben und die Masse in die Springform geben. Die Oberfläche glatt streichen und das Törtchen über Nacht im Kühlschrank fest werden lassen.

Am nächsten Tag zuerst den Rand mit einem Messer von der Springform trennen; den Kuchen anschließend vorsichtig aus der Form nehmen.

Vor dem Servieren mit den Himbeeren und den Kornblumen dekorieren.

Tipp

Wenn keine Himbeeren erhältlich sind, könnt ihr den Kuchen auch mit Erdbeeren zubereiten.

Mango-Quark-TÖRTCHEN

Leicht und fruchtig ist dieses Mango-Törtchen mit dem exotischen Touch. Schmeckt nach Sommer, versprochen!

Für 1 kleine Springform
(ca. 20 cm Ø)

Für den Boden

50 g Kokosraspel (alternativ Kokoschips)

100 g Cashewkerne

75 ml geschmolzenes Kokosöl

30 g Rohrohrzucker

Für die Füllung

400 g frisches Mangofleisch

50 ml Agavendicksaft

500 g Magerquark

30 g Rohrohrzucker

8 Blatt Gelatine

Außerdem

Backpapier für die Springform

einige Kokoschips zum Bestreuen

1 frische Mango für Deko und Sauce

Die Springform mit Backpapier auslegen.

Die Kokosraspel zusammen mit den Cashewkernen in einem Standmixer sehr fein zerkleinern. Das geschmolzene Kokosöl und den Rohrohrzucker dazugeben, weitermixen. Die Masse gleichmäßig in der Springform verteilen und festdrücken. Etwa 30 Minuten in den Kühlschrank stellen.

Für die Füllung in einer Schüssel das Mangofleisch pürieren und mit dem Agavendicksaft mischen. Den Magerquark und den Rohrohrzucker dazugeben, alles gut verquirlen und 5 Minuten stehen lassen. Anschließend nochmals gründlich umrühren, damit sich der Zucker auflösen kann.

Die Gelatine einige Minuten in kaltem Wasser einweichen. Ausdrücken und in einem Topf auf niedriger Stufe leicht erwärmen, bis sie sich verflüssigt. Vorsicht: Die Gelatine darf auf keinen Fall zu heiß werden oder gar kochen, sonst wird der Kuchen nachher nicht fest!

Sobald die Gelatine flüssig ist, den Topf vom Herd nehmen. Zügig 1 Esslöffel von der Quark-Mango-Creme einrühren, dann 1 weiteren Esslöffel der Creme hinzufügen. Zuletzt die gesamte Quark-Mango-Creme dazu geben und alles gut verquirlen.

Die Masse gleichmäßig auf dem Törtchenboden verteilen; das Törtchen über Nacht im Kühlschrank fest werden lassen.

Am nächsten Tag das Törtchen mit einem Messer vorsichtig vom Rand der Springform trennen, dann aus der Form lösen. Mit Kokoschips bestreuen.

Eine Hälfte der Mango in Scheiben schneiden, das Törtchen damit dekorieren. Die andere Hälfte pürieren und als Sauce dazureichen.

Rhabarber-Joghurt-
TÖRTCHEN

Rhabarber, mal ganz anders! Der süße Boden bildet einen köstlichen Gegensatz zur fruchtig-frischen Füllung.

Für 1 Springform (24 cm Ø)

Für die Rhabarber-Masse

450 g Rhabarber

130 g Vollrohrzucker (alternativ brauner Zucker oder Kokosblütenzucker)

100 ml roter Traubensaft

10 Blatt Gelatine

500 g Magerquark

500 g Naturjoghurt

3 EL Reissirup (alternativ Agavendicksaft)

Für den Boden

150 g Cashewkerne

150 g getrocknete Datteln

Außerdem

Kokosfett für die Form

Dattelsirup für die Deko (alternativ Traubensirup)

Den Rhabarber schälen und in kleine Stücke schneiden. Mit dem Vollrohrzucker und dem roten Traubensaft in einem Topf aufkochen und einige Minuten weich kochen. Alles pürieren und abkühlen lassen.

Die Springform einfetten.

Für den Boden die Cashewkerne mit den getrockneten Datteln im Standmixer zu einer klebrigen Masse verarbeiten. In eine Springform geben, gleichmäßig verteilen und festdrücken. (Das funktioniert am besten mit den Händen; befeuchtet sie vorher mit Wasser, damit nichts daran kleben bleibt.)

Die Gelatine in kaltem Wasser einweichen.

Den Magerquark mit dem Naturjoghurt und dem Reissirup verrühren.

3 Esslöffel vom Rhabarberpüree leicht erwärmen und die ausgedrückte Gelatine darin auflösen; die Gelatine darf dabei nicht kochen! Sobald die Gelatine flüssig ist, den Topf vom Herd nehmen und weitere 3 Esslöffel des Rhabarberpürees einrühren. Anschließend das gesamte Rhabarberpüree einrühren.

Das Rhabarberpüree zur Quark-Joghurt-Masse geben und alles gut verrühren. Auf dem Törtchenboden verteilen und über Nacht im Kühlschrank fest werden lassen.

Vor dem Servieren mit etwas Dattelsirup verzieren.

Rohe
BROWNIES

Diese köstlich saftigen Brownies, die Datteln enthalten und ganz ohne Backen auskommen, sind die besten, die ich je gegessen habe – ehrlich!

Für 1 quadratische Form (ca. 23 x 23 cm); ergibt 6–8 Stück

Für die Brownies

450 g getrocknete Datteln

150 g gemahlene Mandeln

100 g gemahlene Haselnüsse

60 g Kakaopulver

¼ TL Salz

Für die Schoko-Ganache

200 g zuckerfreie Schokolade

75 ml Milch

1 EL geschmolzenes Kokosöl

1 Prise Salz

Außerdem

Backpapier für die Form

50 g ganze Mandeln für die Deko

Die Backform mit Backpapier auslegen.

Die getrockneten Datteln im Standmixer zerkleinern, sodass allmählich eine klebrige Masse entsteht (je feiner die Datteln und die Masse dabei werden, desto besser). Herausnehmen und beiseitestellen.

Die Mandeln und die Haselnüsse gründlich mit dem Kakaopulver und dem Salz vermischen. In den Standmixer geben und auf hohe Stufe stellen. Die Dattelmasse esslöffelweise dazugeben und alles zu einer homogenen Masse verarbeiten.

Die Dattel-Nuss-Masse gleichmäßig in der Backform verteilen und gut festdrücken. (Das funktioniert am besten mit den Händen; befeuchtet sie vorher mit Wasser, damit nichts daran kleben bleibt.) Die Form 10 Minuten in den Kühlschrank stellen.

Für die Ganache die zuckerfreie Schokolade sehr klein hacken. Die Milch aufkochen und über die gehackte Schokolade gießen. Kurz stehen lassen, dann umrühren, damit die Schokolade schmelzen kann. Das flüssige Kokosöl und das Salz unterrühren.

Sobald die Schokolade komplett geschmolzen ist, die Ganache auf der Brownie-Masse verteilen und verstreichen. Die ganzen Mandeln für die Deko grob hacken und auf der Ganache verteilen.

Die Backform über Nacht in den Kühlschrank stellen. Am nächsten Tag die Brownies in 6 bis 8 Stücke schneiden.

Schoko-Cashew-TÖRTCHEN

Diese Schokocreme wird aus eingeweichten Cashewkernen hergestellt – etwas ganz Besonderes und kein Vergleich zu klassischen Schokocremes!

Für 1 kleine Springform (ca. 20 cm Ø)

Für den Boden

100 g gemahlene Mandeln

100 g getrocknete Datteln

Für die Schokocreme

300 g Cashewkerne, über Nacht in Wasser eingeweicht und abgetropft

5 EL Reissirup (alternativ Agavendicksaft)

50 g geschmolzenes Kokosöl

2 EL Kakaopulver

Saft von 1 kleinen Zitrone

Außerdem

etwas Kokosfett für die Springform

Kakaopulver zum Bestreuen

Die Springform einfetten.

Für den Boden Mandeln und Datteln in einem Standmixer zu einer klebrigen Masse verarbeiten. In die Springform geben, gleichmäßig verteilen und festdrücken. (Das funktioniert am besten mit den Händen; befeuchtet sie vorher mit Wasser, damit nichts daran kleben bleibt.)

Die Cashewkerne mit den übrigen Zutaten für die Schokocreme in einen Standmixer geben. Innerhalb von einigen Minuten zu einer cremigen Masse verarbeiten. (Nicht ungeduldig werden; das dauert etwas.)

Die Schokocreme in der Springform verteilen, die Oberfläche glatt streichen. Das Törtchen mindestens 1 Tag im Kühlschrank fest werden lassen.

Vor dem Servieren noch mit Kakaopulver bestreuen.

Tipp

Verzehrt diese Köstlichkeit unbedingt gekühlt, sonst läuft die Schokocreme auseinander.

Haferflocken-KONFEKT

Eine originelle Süßigkeit für zwischendurch, die wirklich Energie spendet und dazu auch noch gesund ist!

Für 1 eckige Backform (ca. 14 x 20 cm)

Für die Haferflockenschicht

200 g gemahlene Cashews

200 g Haferflocken

150 g Reissirup (alternativ Agavendicksaft)

50 g geschmolzenes Kokosöl

1 TL Zimt

¼ TL Kardamom

Für die Schokoschicht

50 g geschmolzenes Kokosöl

50 g Kakaopulver

70 g Traubensirup (alternativ Dattelsirup o. Ä.)

Außerdem

Backpapier für die Backform

Die Backform mit Backpapier auslegen.

Die Zutaten für die Haferflockenschicht in einem Standmixer zu einer homogenen Masse verarbeiten. Die Masse in die Backform geben, gleichmäßig verteilen und festdrücken. (Das funktioniert am besten mit den Händen; befeuchtet sie vorher mit Wasser, damit nichts daran kleben bleibt.) Die Form in den Kühlschrank stellen.

Für die Schokoschicht alle Zutaten miteinander verrühren und in die Backform auf die Haferflockenschicht gießen. Im Kühlschrank über Nacht fest werden lassen.

Am nächsten Tag die Konfektmasse mit dem Backpapier vorsichtig aus der Form lösen und in kleine Stücke schneiden. Gekühlt aufbewahren und servieren oder naschen.

Tipp

Statt der Cashews kann man auch Erdnüsse nehmen; damit schmeckt Konfekt auch sehr lecker!

Register

Kokosraspel

Leinsamen

Mandelmilch

Mandelmus

Mandeln

Mandeln, gemahlen

Walnusskerne

Walnusskerne, gehackt

Zimt